18.–

Freya Jaffke

Spielzeug von Eltern selbstgemacht

Arbeitsmaterial aus den Waldorfkindergärten

Heft 1

Herausgegeben von der
Internationalen Vereinigung der Waldorfkindergärten

Spielzeug

von Eltern selbstgemacht

Anregungen aus Kursen
mit Eltern des Kindergartens
der Freien Georgenschule
Reutlingen, zusammengestellt
von Freya Jaffke

Verlag Freies Geistesleben

Die Deutsche Bibliothek – CIP-Einheitsaufnahme

Jaffke, Freya:
Spielzeug, von Eltern selbstgemacht: Anregungen aus Kursen mit Eltern der Freien Georgenschule Reutlingen / zgest. von Freya Jaffke. – 18. Aufl. – Stuttgart: Verl. Freies Geistesleben, 1996
(Arbeitsmaterial aus den Waldorfkindergärten; H. 1)

ISBN 3-7725-0627-5

NE : GT

18. Auflage 1996
Einband und Zeichnungen von Christiane Lesch

Druck: Greiserdruck, Rastatt

Inhalt

Vorwort

Das vorliegende Spielzeugbüchlein ist eine überarbeitete und erweiterte Neuauflage des unter gleichem Titel 1971 zum erstenmal erschienenen Büchleins. Einige neu hinzugefügte Kapitel, z. B. über das, was mit Spielen wirklich gemeint ist, mögen Eltern und alle anderen Menschen, die kleine Kinder mit Spielzeugen beschenken, immer wieder an ihre große Verantwortung erinnern. Die Beschreibung der einfachen Spielzeuge und die Art und Weise, wie die Kinder durch sie so vielfältig zum Spielen angeregt werden, ist als Hilfe für die Erwachsenen gedacht, sowohl bei der Wahl für ein bestimmtes Kind als auch beim Materialeinkauf und der Herstellung.

Immer wieder kann erlebt werden: wenn Väter oder Mütter Spielzeuge im Beisein der Kinder herstellen, werden ganz neue Beziehungen sowohl zum Spielzeug als auch zum «Hersteller» gefunden. Gleichzeitig ist solch ein Erlebnis wieder ein Stück durch den Menschen gewonnene Welterfahrung, die das Spiel der Kinder beflügeln kann und die mit unbewußter aber tief empfundener Dankbarkeit beantwortet wird.

In diesem Sinne möge das Büchlein den Weg in viele Elternhäuser finden.

Frühjahr 1985 Freya Jaffke

Zur 14. Auflage dieses «Volksbuches»

Begeisterte Eltern des Kindergartens der Autorin besorgten die erste Auflage dieses Buches. Sie hatten den Segen der zahlreichen Anregungen erfahren, die eine Waldorfkindergärtnerin weiterzugeben vermag, die wie Freya Jaffke ihr Tun und Verhalten, ja ihre Liebe zu den Kindern bis in die praktischen Handgriffe durchdenkt. In immer neuen Auflagen empfahl sich das Buch weiter für Erzieher, Eltern, für alle Erwachsenen, die den tiefen Ernst des kindlichen Spieles einsehen und die eine Belebung ihrer Beziehung zum kindlichen Wesen anstreben. Was machte diesen ersten Band der Reihe «Aus der Praxis der Waldorfkindergärten» zu einem Volksbuch?
Das ist auf der einen Seite die schöpferische Praxisnähe: schöpferisch, weil sie auf einem tiefen Wissen um die Spielstufen des heranwachsenden Kindes und seines phantasievollen Tätigkeitsdranges aufbaut; Praxisnähe, weil nichts beschrieben wird, was nicht erprobt und bewährt ist. Es wird nicht nur das nachvollziehbare Vorbild für ein praktisches Tun, sondern auch der Interesse am Kind erweckende «theoretische» Hintergrund geschildert.
Und das ist die andere Seite. Kinder und Eltern leiden heute immer häufiger darunter, daß die Beziehung zueinander der Wärme einer tätigen Liebe entbehrt. Die egoistische Liebe, die die «süßen Kleinen» genießen will, kommt schon im ersten Trotzalter an eine Grenze, an der das Genießen in Ärger und Kampf umschlägt. Und die manchmal geradezu verzweifelte Hilflosigkeit und Beziehungslosigkeit des Erwachsenen gegenüber der Welt des Kindes fragt: Wie lerne ich mein Kind wahrhaft lieben? Wie baue ich eine lebendige Beziehung auf – was soll ich tun?
Hier setzt die Erfahrung der Kindergärtnerin an. Führe das Kind in seiner Welt zum selbständigen Spiel durch deine Tätigkeit! Das Tun, mit dem du dich verbindest, das du engagiert unternimmst, weckt die Spielfreude, die Phantasie, den zum Guten sich wendenden Tätigkeitsdrang deines Kindes. Ein Objektives, etwas Machbares knüpft zwischen dir und deinen Kindern neue Verbindungen, neues Interesse; der Boden wird bereitet, aus dem eine freilassende, individuelle Liebe erblüht.
Mit jedem Kinde, das sich uns anvertraut – sei es in der Familie, sei es in einer Kindergruppe –, ist uns das Rätsel einer menschlichen Individualität zur Lösung übergeben. Was wir dazu aus der Menschenkunde Rudolf Steiners und den Entwicklungsgesetzen der Inkarnation lernen können, ist hier verflochten mit der Anleitung, praktisch und konkret tätig zu werden. Das Kind geht den Weg vom handelnden Wesen, das erst probiert ehe es versteht, zum planenden, bewußten Handeln. Diesen Weg lernen wir mitzugehen, aber als

Erwachsene aus Einsicht unser Tun führend. Dabei erleben wir, wie das seinen «Beruf», dem Spielen, hingegebene Kind sich von Monat zu Monat, von Jahr zu Jahr hineinlebt in seinen Leib, in seine Umwelt, in seine Zeit, in der es sein Schicksal ins Dasein prägen will.
Neu überarbeitet, durch weitere Erfahrungen bereichert, will dieses Buch nun in gleicher Weise den Kindern wie den Erziehern seine Hilfe anbieten zu freudiger, Dankbarkeit und Liebe weckender Tätigkeit.

Ostern 1985 Helmut von Kügelgen

Spielen heißt im Prozeß sein

Die Frage, was Spiel eigentlich ist und welche Bedeutung dem Spielzeug zukommt, scheint immer schwieriger zu werden. Allzu leicht wird Spielen mit bloßem Beschäftigtsein verwechselt. Man ist froh, wenn die Kinder irgend etwas tun, und es wird zu wenig danach gefragt, welche Kräfte jeweils im Kinde angeregt und zur Tätigkeit aufgerufen werden. So soll mit ein paar Gedankenskizzen und wenigen Beispielen zu diesem Problem die Freude am eigenen Beobachten und zur tieferen Einsichtnahme angeregt werden.

Immer, wenn wir tätigen Kindern, einzelnen oder kleinen Gruppen, begegnen, sehen wir, daß sie – wenn sie wirklich spielen – Szenen aus dem täglichen Leben nachhandeln. Der erwachsene Mensch hat für sie die größte Bedeutung. Zu ihm schauen sie auf. An ihm erleben sie, wie er in der Wohnung, auf der Straße, in den Geschäften, im Umgang mit anderen Menschen usw. das Leben regelt; wie er Sorge trägt für die Familie, das Hauswesen, wie er souverän im Umgang mit der Technik handelt. Alle diese Erfahrungen geben die Impulse zum Tätigsein, wir nennen es Spielen. Und die größte Befriedigung der Kinder entsteht nach vielleicht mühevollen Prozessen. Wenn z. B. fünf- und sechsjährige Buben ein besonderes Automodell, etwa einen Krankenwagen, haben wollen, in den sie selbst einsteigen können, so brauchen sie nicht nur viel Phantasie, sondern auch Geschicklichkeit, Geduld und Willenskraft. Mit den einfachsten Mitteln gehen sie ans Werk. Tisch, Ständer (S. 26), Stühle, Hocker und eventuell schöne glattgehobelte Bretter werden entsprechend zusammengeschoben oder aufeinandergestellt. Mit Tüchern (S. 31) wird alles abgedeckt und zugehängt. Wäscheklammern bieten dabei eine gute Hilfe. Rindenhölzer werden zur Stoßstange, zu Scheinwerfern, zum Auspuff, zur Gangschaltung und Fußbremse, eine Holzscheibe zum Lenkrad, ein Rindenstück – kunstvoll angebracht – zum Rückspiegel. Aneinander geknotete Wollkordeln (S. 34) werden zum Sicherheitsgurt, zusammengerollte Kronenbänder (S. 33) zu Rück- und Bremslichtern. Das Blinklicht auf dem Dach funktioniert, weil ein Kind oben draufsitzt und seine Hand drehend bewegt.

Am Beginn eines solchen Spieles steht meist nur die Vorstellung des speziellen Autos und der Impuls, es zu bauen. Während des Bauens, im Umgang mit den verschiedenen Materialien und mitspielenden Kindern, kommen die einzelnen Ideen für die Ausgestaltung, Einrichtung, für Verbesserungen. Und jedesmal, wenn eine Idee Gestalt angenommen hat, tritt tiefste Befriedigung ein, denn sie haben z. B. einen «richtigen» Rückspiegel. In diesem Punkt stoßen wir auf eine bedeutsame Frage:

Was ist es denn, was diese Rinde zum Rückspiegel macht? Nichts anderes als die kindliche Phantasie. Und nur so lange wie diese Phantasie dieser betreffenden Kinder es will, ist diese Rinde der Rückspiegel. Ein ähnliches Rindenstück mag zur gleichen Zeit einer anderen Gruppe von Kindern als Telefonhörer, Schlittschuh oder Schiffchen dienen.
Unwissende Betrachter mögen sich fragen, wann kommen denn die Kinder eigentlich zum Spielen, wenn sie jedesmal so viel Zeit aufwenden müssen, um sich ihre «Spielzeuge» herzustellen. Dann sehen sie mit Überraschung, daß nach kurzem Gebrauch oder sogar kurz vor der Fertigstellung alles wieder abgebaut, umgebaut oder an einer anderen Stelle neu errichtet wird.
Spielen heißt eben im Prozeß sein und nicht nur Bedienen von Fertigware!
Der Mensch und auf eine ganz besondere Weise das kleine Kind ist ein werdendes Wesen. Es braucht auch in seiner Umgebung das Werdende und die Möglichkeit, umzugestalten, Neues zu schaffen. Nicht das Vollendete, Fertige ist es, was Kindern Erfrischung, Befriedigung und Kräftigung gibt. Dies gilt im besonderen Maße auch für das einzelne Spielzeug. Es sollte eigentlich nur eine Art Merkmalcharakter haben, so daß es – zu verschiedenen Zeiten angeschaut – die kindliche Phantasie jedesmal an etwas anderes aus ihrer bisherigen Lebenserfahrung erinnert. Ein mehrfach verzweigter, gebogener Ast, mit einem Tuch ganz bedeckt, kann ein Berg in einer Landschaft sein; nur halb bedeckt eine Zwergenhöhle, Puppenstube, ein Stall. Ein Bub hielt ihn sich auf den Kopf und ging mit majestätischen Schritten als Hirsch durchs Zimmer. Ein anderes Kind nahm den Ast zuerst als Sense und schnitt das Gras, dann als Blasinstrument und saß unter anderen ähnlich musizierenden Kindern. Oder: Ein einmal gespaltenes Rundholz mit kurzem Nebenast wurde Lokomotive, Tanksäule, Radio, Bügeleisen und zuletzt Rutschbahn auf einem Puppenspielplatz.
Nicht jedes Spielzeug läßt sich in dieser grandiosen Weise verwandeln. Gewiß geben wir den Kindern auch Dinge, die mehr geformt sind und eine typische Menschen- oder Tiergestalt, eine Brücke oder einen Wagen erkennen lassen. Diese aber brauchen nicht die Mehrzahl aller Dinge im Kinderzimmer auszumachen. Wenn wir unsere größere Aufmerksamkeit auf jene Materialien richten, die ein oben angedeutetes Spielen unterstützen und fördern, so geben wir Nahrung jenen Kindheitskräften, die jetzt nach Betätigung drängen und erstarken können, um während der Schulzeit und im späteren Leben als Potenz für andere Aufgaben zur Verfügung zu stehen. In solchem Spiel kann das Kind in freier Weise ausprobieren und im Tätigsein die Welt kennenlernen. Nicht aber nur über den Verstand, sondern viel tiefer gehend bis in die Lebensfunktionen hinein kann es sich mit ihr verbin-

den. Das gibt inneres Vertrauen und Sicherheit.
Für den Erwachsenen ist es schwer, sich in die Phantasiewelt der Kinder und ihr Kräftewirken hineinzudenken. Allzu leicht möchte er beim Anschauen von Miniaturdingen und perfekten Nachbildungen oder sogar ins Karikative verzerrten Menschen- und Tiergestalten sein Entzücken, seine Freude, seinen Genuß mit den Kindern teilen. Aber «Genüsse geben den Kindern kein Paradies, sondern helfen es nur verscherzen. Spiele, d. h. Tätigkeit, nicht Genüsse, erhalten sie heiter. Ein Spielzeug gibt erst Genuß durch seine Erscheinung; Heiterkeit nur durch seinen Gebrauch. Was heiter und selig macht und erhält, ist bloß Tätigkeit, und die Spiele der Kinder sind nichts als Äußerung ernster Tätigkeit im leichtesten Flügelkleide.» (Jean Paul, Levana.)

Spielen – eine ernste Angelegenheit

Das Spiel des Kindes ist niemals eine spielerische Betätigung, sondern ein mit tiefem Ernst erfülltes Tun. Und wenn das bei manchen durchaus gesunden Kindern heute nicht der Fall ist, so liegt die Ursache dafür selten bei ihnen selbst, vielmehr in ihrem engsten Lebensbereich: meistens haben das Verhalten der Erwachsenen oder das zur Verfügung stehende Spielzeug es dazu kommen lassen, daß die Fähigkeit zum hingebungsvollen Spiel verloren ging. Aus der Einsicht in pädagogische Notwendigkeiten kann hier Abhilfe geschaffen werden.
Wer kleine Kinder um sich hat, sollte nie vergessen, daß er durch all seine Tätigkeiten und besonders die Art und Weise, wie er tätig ist, tief auf die Willenskräfte der Kinder einwirkt. Alle Erlebnisse und Erfahrungen aus der tätigen Erwachsenen-Umwelt nimmt das Kind tief in sich auf, ergreift sie mit seinem Willen und setzt sie im nachahmenden Tun wieder aus sich heraus und gestaltet damit ein zweckfreies Spiel. Es ist deshalb wichtig, daß der Erwachsene im Beisein eines Kindes möglichst oft in einer Weise tätig ist, die im Kind die notwendigen Impulse weckt. Eine Mutter, die z. B. Gemüse putzt, Wäsche flickt, die Stube fegt oder am Bügelbrett sitzt, wirkt viel anregender, als wenn sie einen Brief schreibt; und ebenso ein Vater, wenn er Holz spaltet oder das Auto wäscht, als wenn er eine Berechnung aufstellt oder Zeitung liest.
Die Tatsache, daß das Kind durch Nachahmen lernt, führt auch zu der Konsequenz, daß sich der Erwachsene nachahmenswert im Beisein des Kindes verhalten sollte. Ja, er kann dies so stark in sein Bewußtsein aufnehmen, daß er mit der Zeit fähig wird, das Kind viel mehr durch Nachahmen zu führen als durch Erklärungen und Gebote, denn diese wenden sich an den Verstand des Kindes, der sich ja erst allmählich entwickelt. Viel zu schnell verfallen Erwachsene in ein Belehrenwollen, das ihrem eigenen fortgeschrittenen Bewußtseinszu-

stand entspricht und ihnen daher leichter fällt als das sehr viel mehr Disziplin verlangende Vorbildsein.

Der Zusammenhang von Spiel und Arbeit

Spiel und Arbeit, vom Gesichtspunkt des Erwachsenen aus gesehen ein scheinbarer Gegensatz, erweisen sich bei näherem Zusehen und bei Berücksichtigung der Entwicklungsgesetze des Menschen als in direktem Zusammenhang stehende Verwandlungsstufen.
Wie sich ein Kind beim Spielen zeigt, offenbart sich viel später in der Art und Weise, wie sich der Mensch ins Leben findet. «Ein Kind, das langsam spielt, wird in den zwanziger Jahren langsam sein und langsam denken in all dem, was im Leben zusammengefaßt wird als Lebenserfahrung. Ein Kind, das oberflächlich ist im Spielen, wird auch später oberflächlich werden» (Rudolf Steiner, Konferenzen, 14.6.20.) «Derjenige, der für so etwas Beobachtungsgabe hat, der weiß schon an den besonderen Neigungen, die das Kind im Spiel entwickelt, vieles vorauszusehen für seine spätere Seelenverfassung, für seinen Charakter usw.; inwiefern der Mensch nach der einen oder anderen Seite tüchtig werden kann, man kann es an der Art und Weise ablesen, wie das Kind spielt» (R. Steiner: Die gesunde Entwicklung des Leiblich-Physischen ..., 7. Vortrag, GA 303)
Mit dem gleichen Ernst, mit dem das Kind in seinem Spielen lebt, kann es sich später als Erwachsener mit seiner Arbeit verbinden. Ein Unterschied zwischen dem Spiel des Kindes und der Arbeit des Erwachsenen besteht nur darin, daß sich die Arbeit in die äußere Zweckmäßigkeit der Welt einfügen muß, die Betätigung des Kindes aber auf Impulsen beruht, die aus seinem Innern, seiner Phantasie heraus aufsteigen, ohne daß zweckvolles Handeln dabei anderen Menschen oder der Sache gegenüber verantwortet werden müßten. Solche Impulse sind eigentlich immer mit Freude und Lust verbunden und erzeugen bei der Ausführung eine tiefe Befriedigung. Wenn das Kind dies nicht mit Worten immer auszudrücken vermag, so ist es doch ablesbar an seinem harmonischen Verhalten, seinem Eifer und oft an den roten Backen und dem strahlenden Gesicht. Es ist ein großer Irrtum, wenn man meint, daß die Kinder sich im Spielen hauptsächlich austoben müßten. Toben ist weder ein dem Menschen gemäßer Zustand, noch etwa eine irgendwie berechtigte Weise kindlichen Spielens, das gerade in seinen gediegensten Formen als Ausgewogenheit zwischen innerlich drängender Schöpferkraft und äußerer Gegebenheit erscheint. Tobende Kinder aber, so kann man deutlich beobachten, werden immer mehr aus sich herausgetrieben, sind dann schwer für ein Wort des Erwachsenen zugänglich und können nicht leicht und nicht ohne Hilfe zu einem ruhigen Spiel zurückfinden. Die unbedingt notwendige sinnerfüllte Bewegung

des Kindes darf nicht mit Toben verwechselt werden.
Wie unterschiedlich sich die Kinder je nach ihrem Alter im Spiel verhalten, kann bei näherer Betrachtung der drei sich deutlich voneinander unterscheidenden Spielstufen anschaulich werden.

Spielstufen

Die Zeit bis zum 3. Jahr

In der Zeit der ersten Spielstufe muß das Kind zunächst Besitz ergreifen von seiner eigenen Leiblichkeit. Dabei spielen Nachahmung, Gewohnheit und unbewußtes ständiges Wiederholen eine große Rolle. Mit erstaunenswerter Unermüdlichkeit strebt das Kind in die Aufrechte und läßt sich durch keinen Mißerfolg entmutigen. Ohne äußere Nötigung, allein durch Nachahmung der es umgebenden Erwachsenen, verfolgt es das Ziel des Aufrichtens und Fortbewegens und bringt sich damit in völlig neue Beziehungen zu den Raumesdimensionen. Dann erwirbt es auf dem gleichen Wege die Sprache und mit der Sprache die Veranlagung des Denkens. Über dieses Ergreifen des eigenen Leibes und das Ergreifen aller nur erreichbaren Gegenstände hinaus beginnt das Kind nun, die Mutter bei ihren Verrichtungen im Haushalt zu begleiten. Damit erreicht es eine weitere Phase nachahmenden Lernens, in der das Kind immer weniger artgemäß, dafür in zunehmendem Maße individuell auswählt, wobei die persönliche Beziehung zu bestimmten Erwachsenen eine schicksalhafte Bedeutung gewinnt.
Die Handlungen der Erwachsenen werden nicht bewußt, sondern «liebevoll» erfaßt. Das Kind beschränkt sich zunächst auf ein nachahmendes Tun, das sich in scheinbarer Sinn-

losigkeit zeigt. Es geht wie die Mutter durchs Zimmer, nimmt Gegenstände in die Hand, die sie eben aufgeräumt hat, um sie an einem anderen Platz wieder abzulegen. Wie die Mutter den Korb mit Kartoffeln, füllt es seinen Korb oder Wagen mit Bauhölzern. Doch genügt ihm offenbar nicht das einmalige Einfüllen, sonst würde es ihn nicht mit größter Aktivität immer wieder ausleeren. Daß es noch nicht den Sinn einer Handlung versteht, wird auch daran deutlich, daß es – so ihm erlaubt – mit Besen und Wischlappen hantiert, in gleicher Weise wie die Mutter in die Ecken und unter den Schrank kriecht, aber kein bißchen Schmutz zusammenbringt.

In den Zeiten am Tag, in denen das Kind alleine oder bei den Geschwistern spielt, baut es mit Vorliebe immer wieder einen Turm mit Klötzen so hoch, bis er umstürzt, oder im Sandkasten füllt es Eimerchen und leert sie wieder aus, wobei es den Sand mit sichtlicher Freude über seine Beine oder durch die Finger rieseln läßt, und ebenso verfährt es an einem aufgestellten Wasserbecken. Ist es etwa mit zwei bis drei Jahren gelegentlich an einem Mutter-Kind-Spiel mit älteren Geschwistern beteiligt, so sieht man auch hier, daß es den eigentlichen Sinn des Spielens einer späteren Stufe noch nicht begreift, nämlich Handlungen des Erwachsenen ins «So-tun-als-ob-Spiel» umzusetzen. So ißt es unter Umständen die als Salat gedachten Gräser oder den als Pudding gedachten Sand wirklich.

Schon diese wenigen Beispiele machen deutlich, in welchem Maße das Kind sein Tun mit Anstrengung, Ernst und Eifer verbindet, was selbstverständlich Begeisterung, Lust und Freude mit einschließt. Und es ist erkennbar, wie das Kind jeden Lernschritt durch Nachahmung vollzieht. An vielen Kindern, die in diesem frühen Alter nicht hauptsächlich durch Nachahmung lernen konnten, die aber durch dauerndes Appellieren an den Verstand und durch Drill zu bestimmten Verhaltensweisen gebracht wurden, konnte man beobachten, daß sie schon im vierten Lebensjahr über fast keine Spielinitiative verfügten, nur schwer einen Kontakt zu anderen Spielkameraden fanden und eine blasse Hautfarbe bekamen.

Die Zeit vom 3. bis 5. Jahr

In der Zeit der zweiten Stufe etwa vom 3. bis 5. Lebensjahr (man kann sie auch das Phantasiealter nennen) erscheinen wieder ganz neue Fähigkeiten am Kind. Alle Intensität, die vor dieser Zeit für das Aufrichten, Gehen, Sprechen und anfängliche Denken aufgebracht wurde, findet nun ein neues Betätigungsfeld. Zunächst einige Beispiele:

Ein vierjähriges Kind sieht, wie die Mutter wäscht. Es holt sich einen leeren Korb, bedeckt den Boden mit Eicheln und Kastanien (als Waschpulver), holt einige Tücher und «wäscht» nun auch. Nach kurzer Zeit hat es die Eicheln und Kastanien in ein Tuch gesam-

melt und als Sack über die Schulter gehängt. Mit schweren Schritten und gebeugter Haltung geht es auf die Mutter zu und bietet ihr Kohlen an. Diese werden ausgeleert und das Tuch locker über den Korb gebreitet. Eine «Badewanne» ist entstanden. Nun wird das Puppenkind gebadet, eine Kastanie gilt als Seife. Dann dient das Badewannentuch als Badetuch, eine Eichel als Milchflasche.
Ein anderes vierjähriges Kind findet beim Kaminholz ein Aststück, das der Länge nach halbiert ist. Es scheint ihm als Bügeleisen geeignet. Ein kleines rundes Aststück ist der Wäschesprenger. Unter Zuhilfenahme eines weiteren runden Aststückes ist aus dem Bügeleisen samt Wäschesprenger kurz darauf eine Dampfwalze geworden, die gebügelten Tücher zur Straße. Nach einer Weile hat sich die umgedrehte Walze in ein Boot verwandelt mit Steuermann und Kapitän. Es ist nun Mittelpunkt, um den herum ein Bootshaus und ein Hafen entstehen.
Diese Beispiele mögen genügen, um das Charakteristische dieser Altersstufe deutlich werden zu lassen. Am auffallendsten ist wohl jetzt jene Fähigkeit am Kind, die es ihm ermöglicht, einfache, anspruchslose Dinge zu «richtigen» Gegenständen aus seinem Lebensbereich zu machen (Klotz/Bügeleisen; Kastanie/Seife). Seine Handlungen bzw. sein Spiel sind Nachahmung täglicher Erlebnisse, und zwar in ständig sich wandelnder, Neues entdeckender Weise und ohne von einem Zweck bestimmt zu sein. Es handelt sich hier keineswegs um unkonzentriertes Spielen, sondern um ein hochgradiges inneres Engagement kindlicher Produktivität, d. h. schöpferischer Phantasie.

Die Zeit vom 5. bis 7. Jahr

Die dritte Stufe ist dadurch gekennzeichnet, daß die Anregung zu einer Handlung nicht mehr nur von außen z. B. aus der Gegenstandswelt erfolgt, wie in der vorher geschilderten Phase, sondern mehr und mehr vom Kinde selbst ausgeht. Es ist das Spiel zwar immer noch an der tätigen Erwachsenenwelt orientiert, aber bevor es zu einer Spieltätigkeit kommt, entsteht im Kind ein Bild, eine Vorstellung von dem, was es tun möchte.
Zum Beispiel haben sich vier fünfeinhalb- und sechsjährige Kinder zu einem Mutter-Kind-Spiel zusammengefunden. Es wird genau beraten, wer welche Funktion übernehmen soll. Als die «Mutter» den Tisch decken will, entbehrt sie zu den vorhandenen Holztellern richtige Tassen, Untertassen, Kaffee- und Milchkanne. In einem Korb mit lauter dünnen Holzscheiben und kleinen Aststücken findet sie das Gesuchte. Während der Mahlzeit entsteht plötzlich ein neues Vorhaben: die Wohnung soll in eine Arztpraxis umgewandelt werden. Davon ist bei diesen Kindern offensichtlich ein deutliches Erinnerungsbild vorhanden. Nachdem die Möbel gerückt sind,

wodurch ein Behandlungs- und ein Wartezimmer entstanden sind, geht es an die Feinheiten. Zum Beispiel Spritzen, Abhörgeräte, Verbände, Arzneifläschchen werden aus Stöcken, Tüchern und Bändern in einfachster Art hergestellt. Behutsam werden die «Kranken» gebettet und weitere «Kranke» mit aus Tüchern gefalteten «Illustrierten» im Wartezimmer vertröstet.
Eine andere Gruppe fünfeinhalb- und sechsjähriger Kinder baut sich mit Aststücken, Rinden, Tannenzapfen, Kieselsteinen und einfachen geschnitzten Tier- und Menschenfiguren auf dem Fußboden ein Bauernhaus mit Ställen, Brunnen, Weiden und Äckern. Die Stuben werden gemütlich eingerichtet, die Tiere versorgt, der Schäfer wird mit seinen Schafen auf die Weide geführt. Über viele Tage können die Kinder daran weiterbauen. Sie ergänzen hier, verwandeln dort, weil offenbar ihre aus dem Innern aufsteigenden, ständig regsamen Vorstellungsbilder nicht mehr mit dem zuerst Geschaffenen übereinstimmen.
Die Phantasie der zweiten Spielstufe, die übersprudelnd das Kind ständig zu neuem Tun veranlaßte, tritt nun – stärker mit Vorstellungen durchsetzt – mehr und mehr in zielvollem Handeln auf. Zum Beispiel denken sich die Kinder jetzt gerne kleine zusammenhängende Geschichten aus, die sie entweder mit Puppen oder selbst mit Tüchern verkleidet für andere Kinder spielen. Auch zeigt sich die Phantasie besonders beim Formen mit Bienenwachs und Ton, bei einfachsten Handarbeiten und beim Malen sowohl mit flüssigen Wasser- als auch mit Wachsfarben.
Die drei Stufen zusammenfassend kann also gesagt werden, daß sich das Kind bis etwa zum siebten Jahr in immer neuer Weise die Welt durch tätiges Spielen erobert. Dieses bewegte Tun erschließt dem Kinde eine Fülle von Empfindungen, Sinneseindrücken, sinnvollen Zusammenhängen und schließlich auch Vorstellungen, Erfahrungen und Einsichten. Es ist Lernen, das eine Universalität kennzeichnet, die dem Erwachsenen durch exaktes Beobachten Schritt für Schritt zugänglich werden kann. Dabei ist Wert darauf zu legen, daß das Kind jede dieser Stufen in der geschilderten Weise durchleben kann und nicht durch verfrühte Gedächtnisinhalte und Abstraktionen an seiner vielseitigen Entfaltung gehindert wird.

Wie können Kinder zum Spielen angeregt werden?

Es ist durchaus nicht mehr für alle Kinder selbstverständlich, in erfüllter Weise spielen zu können, und immer mehr Kinder bedürfen dazu einer sachgemäßen Anleitung. Wer versucht, sich einerseits mit der jeweiligen Lebensaltersstufe vertraut zu machen und andererseits innerlich regsam und phantasievoll zu werden, wird recht bald Wege finden, auf denen er sein Kind ins Spiel führen kann.

Auf der ersten Stufe bis zu etwa zweieinhalb oder drei Jahren gibt es bei gesunder Entwicklung eigentlich nur Probleme, wenn die Erwachsenen das Kind ständig mit Verboten umgeben: Nein, laß das, geh da weg usw. Ein Kind, das eben die ersten Schritte tut, erobert sich seine engste Umgebung durch Berühren, Bepatschen, Beklopfen. Alles, was nicht «niet- und nagelfest» ist, wird zu sich herangezogen. Die Tatsache, daß jedem neuen Eindruck sofort die volle Aufmerksamkeit gewidmet wird, kann pädagogisch genutzt werden, indem man die Kinder ablenkt auf das, was sie dürfen. Das erfordert allerdings vom Erwachsenen ein ständiges Vorausdenken und Voraushandeln, verbürgt aber bei aller Mühsamkeit des Unternehmens eine gesunde Entfaltung des Willens. Ein geregelter Tagesrhythmus mit einem ausgewogenen Verhältnis von Wach- und Schlafzeiten wird stets von Bedeutung sein.

Auf der zweiten Stufe ungefähr zwischen drei und fünf Jahren sind die selbstverständlichen Ereignisse des täglichen Lebens eine gute Hilfe für die Spielanregung, wenn sie der Erwachsene nur in einfacher, lebendiger Weise aufzugreifen und zu beleben versteht. Was läßt sich nicht alles von einem Briefträger, einer Bäuerin auf dem Wochenmarkt, einem Kellner im Gasthaus, einem Schäfer, der erlebt wurde, einem Doktor oder einer Krankenschwester an Tätigkeitsbildern berichten – nicht aufdrängend, sondern neben der Arbeit her mit innerer Begeisterung und äußerer Zurückhaltung! Daher sollte man das Kind, wenn möglich, an der eigenen Arbeit teilhaben lassen. Schließlich wird der «Funke überspringen», und das Kind beginnt aus eigener Kraft ein Spiel. Besonders hilfreich ist es auch, wenn man die Puppenkinder in den Tag mit einbezieht und ihnen die gleiche Fürsorge wie den eigenen Kindern zukommen läßt. Nach kurzer Zeit wird nur noch ein Hinweis auf eventuelle Bedürfnisse nötig sein, und die Kinder werden die Fürsorge selbst übernehmen. Allerdings darf der Erwachsene sein aktives Mitdenken nie ruhen lassen.

Ein anderer Gesichtspunkt für die Spielanregung ergibt sich, wenn der Erwachsene aus den «Bedürfnissen» der verschiedenen Spielzeuge heraus spricht; z. B. der Zug möchte eine weite Strecke fahren; es warten schon die Leute, die mitfahren wollen; ein Puppenkind hat Geburtstag, und es müssen Ge-

schenke eingepackt, ein Kuchen gebacken und der Tisch festlich gedeckt werden; die Schiffe brauchen einen See mit Muscheln und Steinen und ein Bootshaus.
Auf der dritten Stufe zwischen fünf und sieben Jahren kann die vorher beschriebene Art fortgesetzt und erweitert werden. Es kann z. B. an den Arbeitsplatz ein «Gasthaus» angebaut werden. Der «Ober» wird gerne Menübestellungen entgegennehmen und die herrlichsten Dinge servieren. Oder man legt mittels Kochlöffeln und einer Schnur eine Telefonleitung zum «Doktor». Er folgt dem Ruf, verbindet den kranken Fuß und verordnet eine Reihe von «Arzneien». In einem solchen Spiel ist der Erwachsene zwar Mitspieler, aber er verläßt nicht – außer für besondere Augenblicke – seine notwendige Arbeit. So hat das Kind immer einen zielhaft tätigen Erwachsenen um sich und kann von ihm so viel nachahmen, wie es seiner Altersstufe entspricht. Seine fortgesetzte oder beginnende Spielfreude wird die Erwachsenenphantasie bei aller Zurückhaltung beflügeln. Es kann das Vater- und Muttersein als der schwerste und zugleich schönste Beruf erfahren werden.

Wie wirken Sinneseindrücke auf das Kind?

Das Wesen des Kindes in den ersten sechs bis sieben Lebensjahren ist mit größter Offenheit allen Erlebnissen in seiner Umgebung hingegeben. Alle Eindrücke gelangen tief in den Organismus hinein und beeinflussen die sich in dieser Zeit bildenden Organfunktionen und -strukturen. Ohne Unterscheidungsvermögen für gut oder schlecht, förderlich oder hinderlich werden alle Vorgänge aufgenommen und «einver-leibt». Das Kind ist noch nicht fähig, mit dem Bewußtsein irgend etwas abzufangen, da sein Gehirn, als Träger des Bewußtseins, auch noch im Entwicklungsprozeß ist. Das heißt, im Innern des Kindes vollzieht sich die Ausgestaltung der Organe unter dem prägenden Einfluß der Erlebnisse von außen.
Damit dies in größtmöglicher Ruhe und Kraft geschehen kann, ist eine bewußte Sorgfalt besonders in bezug auf die Farben, die Klänge, das Spielzeug, die mitmenschliche Umgebung vonnöten. Der Gedanke, als Kind unserer Zeit solle es sich nur rechtzeitig an alles gewöhnen, verschließt sich vollkommen den wahrhaftigen Entwicklungsgesetzen des heranwachsenden Kindes.
Zurückhaltende Farben an Wänden und Stoffen im Kinderzimmer ohne «kindliche» Musterung gönnen dem Auge ein ruhiges Verweilen und ein Aufnehmen von wirklichen Farbquali-

täten. Was die Stimme der Mutter, ihr Sprechen oder Singen, der zarte Klang eines Saiteninstrumentes wie z. B. der Kinderharfe oder Leier, bewirken können, ist leicht einzusehen. Man braucht sich nur energisch genug in einen Vergleich mit den Geräuschen technischer Übermittlungsgeräte (Radio, Schallplatte, Recorder) einzufühlen, um zu verstehen, wodurch ein fein nuanciertes Hören- und Singen-können gefördert oder verdorben werden kann.
Ebenso ist auf die Qualität des Materials der Spielzeuge größter Wert zu legen. Im Hinblick auf die sich im Kinde ausgestaltenden Organformen erscheinen Gegenstände aus dem organischen Bereich besonders geeignet. Die Vielfalt der Formen, der Oberflächenbeschaffenheit, der jeweils natürlichen Gewichte usw. kann durch nichts überboten werden. Sie bedeutet eine wahre Wohltat für die enorme Feinsinnigkeit eines kleinen Kindes. Auch ist dem Kind an den einfachen Dingen die Möglichkeit gegeben, innerlich durch seine Phantasie in vielfältiger Weise tätig zu werden. Beispiele in den vorangegangenen Kapiteln konnten dies deutlich machen.
Zu den Dingen, die wir in der Natur als «Spielzeuge» finden, gehören jene, die durch Menschenhand geformt wurden, sei es durch Schnitzen oder Nähen. Aus Einsicht in die Bedeutung der Phantasieentfaltung können sie so einfach und so schön wie möglich gearbeitet werden.

Welches Spielzeug in welchem Alter?

Die Schilderungen des Spielens zeigten schon, wie einfach einerseits das Spielzeug sein kann und welche hohen Ansprüche andererseits an die Qualität des Materials zu stellen sind. Nun sind gerade die erwähnten einfachen Dinge oft am schwierigsten zu bekommen, weil sie nicht in Spielzeugläden zu erwerben sind. Wir sind also aufgerufen, uns einen besonderen Blick für geeignete Dinge auf Spaziergängen oder im Urlaub anzueignen. Mit ein wenig Mühe wird man auch noch Geschäfte finden, die einfarbige Stoffe und Strickwolle ohne synthetische Beimischungen anbieten.

1–3 Jahre

Es ist zu berücksichtigen, daß die Kinder sich in diesem Alter besonders bei der Mutter aufhalten und mit größter Wonne mit ihren Kochlöffeln, Töpfen usw. hantieren. So genügen einige wenige Dinge in der Spielzeugecke.
Große Knotenpuppe (Tuch ca. 70 cm Kantenlänge (quadratisch), Kopf: ∅ ca. 12 cm,
einfacher Korbpuppenwagen
weicher Stoffball
Korb mit Bauhölzern
Korb mit Kastanien
Geschnitzte Schaufel
Geschnitzte Menschenfiguren

Schaukelpferd
Mit Tierspielzeugen kann ruhig bis zur nächsten Altersstufe gewartet werden.

3–5 Jahre

In diesem Alter sind alle Dinge geeignet, die in diesem Büchlein in den Kapiteln «Bauen großräumig», «Bauen am Boden oder auf Tischen» und «Der Kaufmannsladen» genannt werden. Ferner:
Zipfel- oder Knotenpuppe
Puppen-Wickeltücher
Steckbettchen
Diverse Körbe und Holzschüsselchen
Schäfer und Schafe
Holzpferd mit Wagen oder Kutsche
Holzkreisel
Sogenannte bewegliche Spielzeuge wie z. B: zwei an verschiebbaren Leisten befestigte sägende oder klopfende Männer oder im Kreis angeordnete pickende Hühner, die durch Fäden nach unten mit einer schwingenden Kugel verbunden sind.

5–7 Jahre

Einige wenige Dinge können der vorherigen Aufzählung hinzugefügt werden.
Knotenpuppe (falls vom Kind gewünscht, mit Beinen – aus den zwei übrigen Zipfeln gemacht)
Schlamperle
Gegen das 7. Jahr: Gliederpuppe
Puppenkleider
Einfache Marionetten
Gestrickte Tiere
Für besondere Situationen wenige gute Bilderbücher
Ein Handarbeitskörbchen mit eigener Schere, Nadelbüchlein, Fingerhut, Fadenrollen und schönen Stoff- und Filzresten.

Man bedenke, daß die in diesem Büchlein vorgeschlagene Art der Spielzeuge «mitwächst», das heißt, daß die Kinder auf jeder Stufe ein neues Verhältnis dazu gewinnen. Mit dem 5. Jahr etwa erwacht die Entdeckerfreude. Nach einem inneren Vorstellungsbild wird nach kurzer Mühe z. B. ein kleines Rundholz – in die Mitte einer Kordel geknotet – zum «Abhörgerät». Perfekte Nachbildungen dagegen von Dingen der Erwachsenenwelt verhindern diese Entdeckerfreude und lassen die Phantasiekräfte veröden (siehe auch «Spielen heißt im Prozeß sein»). Ebenso sollten die technischen Spielzeuge wie ferngesteuerte Autos, Schiffe, elektrische Eisenbahnen – wenn überhaupt – einer späteren Altersstufe vorbehalten bleiben.
Es ist sehr viel leichter, in einem Waldorf-Kindergarten ein solches Spielzeugangebot kompromißlos einzuhalten. Mit den Schwierigkeiten im Elternhaus gegenüber der lieben Verwandtschaft wird man am ehesten zurechtkommen, wenn man jeweils rechtzeitig

genug seine Wünsche bekannt gibt. Die Mühe, stets ein wenig von der Entwicklungsstufe des Kindes, der Vorfreude auf Dinge, die z. B. aus einem gewünschten Material entstehen sollen (z. B. Seidentücher für Marionetten), und vom Spielen mit den neuen Dingen zu berichten, wird lohnen. Die dadurch entstehende Einsicht der Schenkenden wird helfen, die gewisse Strenge und Konsequenz zu respektieren.

Die Puppe, eines der bedeutendsten Spielzeuge

Wenn es beim Spielzeug hauptsächlich darauf ankommt, daß die Kräfte der Phantasie angeregt werden und darüber hinaus vom Spielgegenstand selber lebendige organische Eindrücke vermittelt werden sollen (deshalb Aststücke und nicht mathematisch strukturierte Bauklötze), so gilt das in besonderem Maße für die Puppe. Die Puppe ist das Bild des Menschen und damit für jedes sich heranentwickelnde Menschenwesen dasjenige Spielzeug, das am meisten sein eigenes Gestaltwerden in der Phantasie herausfordert und belebt. Das hat zweierlei ungemein wichtige Konsequenzen. Erstens wäre es töricht, den Umgang mit diesem Spielzeug unter dem Mißverständnis «mütterlichen Tuns» Mädchen zuzuordnen und Buben vorzuenthalten. Eine solche Unterscheidung der Geschlechter hat keine pädagogische Bedeutung und übersieht, worauf es in diesem Lebenalter ankommt. Zweitens wäre es unter diesem Aspekt das Falscheste, was man tun kann, eine solche Puppe mit allen anatomischen Einzelheiten zu versehen, sie technisch so zu perfektionieren, daß sie zum Beispiel die Augen aufschlägt, richtig gefüttert werden kann, die Windeln näßt usw.

Das Kind kommt dann gerade an diesem bedeutendsten Spielzeug nicht genügend zum Hervorbringen seiner Phantasiekräfte. Diese wollen sich aber betätigen und verkümmern oftmals nur, weil sie nicht genug Arbeit mehr finden, durch die sie erstarken können. Ebenso wie Muskelpartien des Menschen durch wiederholte Anspannung gestärkt werden, verhält es sich entsprechend mit den Kräften der Phantasie. Man braucht sich auch nicht zu wundern, wenn Kinder gegenüber den dauernd sich überbietenden Raffinessen der Puppen immer anspruchsvoller werden. Der Reiz des Neuen ist oft sehr schnell vorbei, da das ständig ganz gleiche und darin so armselige Tun, zu dem die technischen Vorrichtungen (wie zum Beispiel das «Sprechen») zwingen, langweilig werden. Auf das Geschmacklos-Unkünstlerische eines in maskenhaft starrer Geprägtheit verharrenden süßlichen Lächelns auf Puppengesichtern oder der töricht wirkenden Fingerstellungen einer sogenannten «schönen» Jahrmarktpuppe sei nur am Rande hingewiesen.

Ein ganz einfaches, nur aus einem Tuch ge-

knotetes Puppenkind kann aufgrund der von der Phantasie erzeugten unerschöpflichen Fülle durch nichts überboten werden. Es wird ja solch ein geknotetes Tuch erst durch die Phantasie überhaupt zur Puppe und damit zum lebendigen Abbild des Menschen. Jede nur erdenkliche Wahrnehmung von Menschen kann mit Hilfe dieser Fähigkeit immer wieder nur sich wandelnd und, in keiner Weise festgelegt, an der Puppe nachgebildet, nachvollzogen werden.
Es gibt heute viele Kinder, bei denen die Phantasiekräfte schon so weit verkümmert sind, daß sie mit solch einer Knotenpuppe nichts anzufangen wissen und hier auf die Hilfe der einsichtigen Mutter angewiesen sind. Es ist dann oft erstaunlich, wie schnell solcher Verlust wieder wettgemacht werden kann, wenn nur die dazu notwendigen Dinge dem Kind gegeben werden. Nach dem fünften Lebensjahr ist dies allerdings nur noch in sehr geringem Maße möglich. Findet die Mutter aus Einsicht zu der Knotenpuppe selbst eine echte Beziehung, so kann diese vom Kind nachgeahmt werden. Gelingt es ihr nicht, wofür es viele verständliche Gründe gibt, so ist es weit besser, sie näht eine einfache mit Schafwolle ausgestopfte Gliederpuppe mit einfachen Kitteln, als daß sie ihrem Kind eine fertige Puppe aus dem Spielzeugladen in die Hand gibt.

Spielzeug im Garten

Für das Spielen im Garten ist das allerwichtigste der Sandkasten. Dieser sollte deshalb nicht zu klein und zu flach angelegt werden. Sand ist ein ideales Material für die Kinderhand, die stets formen und umgestalten möchte. Er kann angereichert sein mit stabilen Muscheln und interessanten Steinen. Kleine Weidenkörbe zum Sandsieben, Holzschaufeln und einige in verschiedenen Formen ausgeschnitzte Holzscheite geben zu vielerlei Spielen Anregung. Anstelle der nicht mehr im Handel erhältlichen Zinkeimerchen kann ein (goldenes) Honigeimerchen gegeben werden.
Eine Spielecke außerhalb des Sandkastens ist wünschenswert, besonders wenn sie einen langen Baumstamm, einige verschieden lange und dicke Baumstammstücke und einige glattgehobelte Bretter birgt. Damit können die Kinder je nach Alter mit «Tisch», «Hockern» und «Bänken» Wohnungen einrichten; eine Wippe, Straßenwalze und vieles andere bauen. Sie haben damit die Möglichkeit, wirklich zu «spielen» (siehe auch «Spielen heißt im Prozeß sein», S. 9). Ein einfaches Gartenhäuschen, in dem z. B. die Bretter gut geschützt aufgehoben werden können, ist natürlich etwas Besonderes, ebenso eine Schaukel. Auf Imitationen von Spielplätzen mit festgebauten Eisenbahnen, Klettergerüsten, Rutschbahnen usw. kann bewußt ver-

zichtet werden. Sie sind unveränderbar, d. h. nicht zum wirklichen Spielen geeignet. Der Freude am Umgestalten und eigenen Erfinden wird damit nicht entsprochen. Es kann nur das Fertige – eine Augenweide für Erwachsene – «bedient» werden.
Außer Sandkasten und Spielecke ist eine Wiese mit Bäumen und Büschen und nach Möglichkeit ein Hartplatz (mit Steinplatten ausgelegt) sehr zu empfehlen. Auch hier können Baumstammstücke liegen und zum Gestalten anregen. Es kann aber ebenso auch Seil gehüpft, Ball gespielt, Stelzen gelaufen oder Kreisel gedreht werden. Auch können Kinder im Schulalter ihre Hüpfkästchen mit Kreide aufmalen. Puppenmütter mögen unterm Sonnenschirm ihr Reich entfalten.
Neben all diesen Spielmöglichkeiten ist es selbstverständlich wichtig, daß die Kinder in Parks oder auf Waldspaziergängen zu Lauf-, Fang- und Versteckspielen sowie Reifentreiben und ähnlichem Gelegenheit haben.

Spielen und Aufräumen

Spielen und Aufräumen gehören zusammen wie das Ein- und Ausatmen, wie Schlafen und Wachen. Daher ist es sinnvoll, am Ende einer Spielzeit oder in der Familie am Ende eines Tages eine spezielle Aufräumzeit einzuplanen, in der der Erwachsene und mit zunehmendem Alter die Kinder die Umgebung ordnen und jedes Ding an seinen gewohnten Platz bringen. Wenn diese Zeit in gleicher Weise wie das Kochen, Essen oder Spazierengehen an Bedeutung gewinnt, dann wird sie bald nicht mehr als Last, sondern als selbstverständliche Gewohnheit empfunden. Freude und Befriedigung werden entstehen. Und aus der wohlgeordneten Umgebung werden die Kinder dann in den Schlaf begleitet oder zu anderen Ereignissen geführt.
Wenn die Spielzeuge in Regalen mit einem Vorhang untergebracht sind, so können die verschiedenen Körbe usw. nicht nur leicht gefunden, sondern auch leicht aufgeräumt werden. Eine Spielzeugkiste, in die einfach alles hineinkommt, was herumliegt, und die dann zugedeckt wird, ist nicht zu empfehlen. Sie verleitet weder zur Sorgfalt noch zum Ordnen; sie birgt nur ein Durcheinander. (Siehe auch «Wie wirken Sinneseindrücke auf das Kind», S. 18).
Oft entstehen Probleme mit dem Aufräumen nur dadurch, daß von den Kindern vor dem 6. Lebensjahr zuviel erwartet wird. Mit Ermah-

nungen, «du bist ja schon groß und kannst schon alleine aufräumen», findet sich ein Kind vor einer Aufgabe, der es nicht gewachsen ist. Im Miteinandertun kann der Begriff «Aufräumen» in lebensvolle Bilder verwandelt werden. «Der Zug muß in den Bahnhof fahren, die Schiffe in den Hafen, der Möbelträger bringt die Stühle an den Tisch.» Bis etwa zum 3. Lebensjahr werden die Kinder eifrig mit dem Erwachsenen alles einsammeln und in Körbe füllen, ob in die jeweils richtigen Körbe, ist noch nicht in jedem Fall zu erwarten, doch wird es der Erwachsene pfleglich so tun. Allein die Tätigkeit des Einsammelns oder Hin- und Hertragens von Dingen ist überschaubar und nachahmbar. Zwischen 3½ und 5½ Jahren ist das Aufräumen oft mit Spielprozessen verbunden. Heißt es z. B. Bauhölzer in einen großen Korb bringen, so kann man sehen, wie ein 4½jähriger Bub mit einer langen Rinde eine Kippvorrichtung baut und Stück für Stück darüber in den Korb rollen läßt. Oder beim Zusammenfalten der Tücher taucht plötzlich die Idee an eine Bügelmaschine auf, und die schmal gefalteten Tücher werden langsam um einen kleinen Hocker gezogen und dann fertig gefaltet.
Das alles zeigt uns, daß Aufräumen nicht in Eile geschehen sollte. Andererseits wird man jedoch aufmerksam abzuwägen haben, wann sich das Aufräumen zu sehr ins Spielen verliert, und wird neue Aufräumimpulse setzen müssen. An Kinder zwischen 5 und 6 Jahren können überschaubare Aufräumvorgänge übertragen werden: Die Puppenecke ordnen, im Kaufmannsladen die Kerne sortieren und die Körbe usw. an den richtigen Platz stellen. Mit Beginn der Schulzeit kann den Kindern mehr und mehr selbständig das Aufräumen zugemutet werden. Doch werden sie noch mitunter auf den Blick und ein helfendes Wort des Erwachsenen angewiesen sein.
Während der Spielzeit sollte man in der Regel die Kinder nicht unterbrechen und schon aufräumen lassen. Mancherorts werden Kinder daran gewöhnt, vor dem Holen eines neuen Spielzeuges das alte erst aufzuräumen. Das bedeutet aber jedesmal ein Neubeginnen und verhindert ein reiches, sich wandelndes Spielen.
Eltern und Erzieher, die mehr und mehr Freude am Aufräumen haben und die sehr zurückhalten mit dem Loben der Kinder bei diesem Tun, werden bald feststellen, daß die Aufräumzeit zur Selbstverständlichkeit wird.

Bauen großräumig

Mit dieser Art zu bauen ist gemeint, daß die Kinder Häuser, Zelte, Wohnungen, Schiffe, Fahrzeuge usw. errichten und dazu Holzständer (s. d.), Tisch, Stühle, Hocker, Fußbank u. a. m. verwenden. Etwa im Alter zwischen 4 und 5 Jahren beginnen sie damit (siehe auch Kapitel «Spielen heißt im Prozeß sein»). Sie folgen mit diesem Tun einem ursprünglichen Impuls, der in vielen Kinderspielen zu finden ist, nämlich Hüllen zu schaffen, in die sie selbst hineinschlüpfen können.

Wichtige Materialien, die wir den Kindern zum Gelingen solcher Bauwerke beschaffen können, sind Holzständer, Bautücher (S. 31), Verkleidetücher (S. 31), Sandsäckchen (S. 34), hölzerne Wäscheklammern, Flokatiteppiche oder alte Wolldecken, Kronenbänder (S. 33), Kordeln (S. 34), Bauhölzer (S. 39).

Holzständer

Die Holzständer gehören zu den Einrichtungsgegenständen, die man sich in jedem Kinderzimmer wünscht. In ihrer vielseitigen Verwendbarkeit sind sie fast unentbehrlich.

Modell A:

Mit einem Tuch behangen, können zwei solche Ständer z. B. eine behagliche Puppenecke bilden oder einen Kaufmannsladen (S. 72). Die Tücher zur Seite geschoben, bieten sie u. a. Möglichkeit für ein kleines Tischpuppenspiel (siehe Stehpuppen S. 47). Ein heimeliges Himmelbett entsteht, wenn auf das Brett ein Flokati-Teppich und ein Spielkissen (S. 35) gelegt werden und die Tücher zu beiden Seiten herabhängen (s. Ständertücher, Form b, S. 28). Oder es kann die Hängematte (S. 71) oder ein Korb mit Kordeln (S. 34) an dem oberen Balken befestigt werden und das Puppenkind darin geschaukelt oder gewiegt werden.

Modell B:

Dieser Ständer ist meist etwas leichter für die Kinder zu transportieren und deshalb besonders gut für das großräumige Bauen.
Alle Kanten sollten gut abgerundet werden. Der obere Querbalken kann auch zum Herausschieben gemacht werden. Man kann in

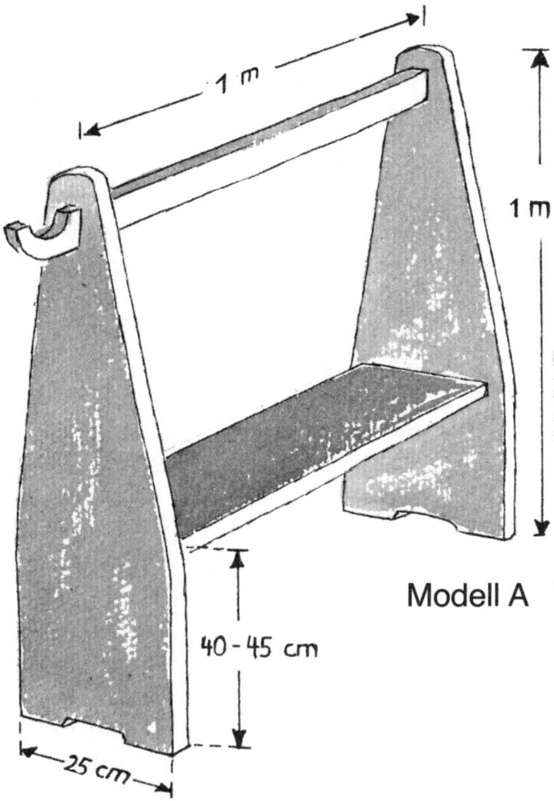

Modell A

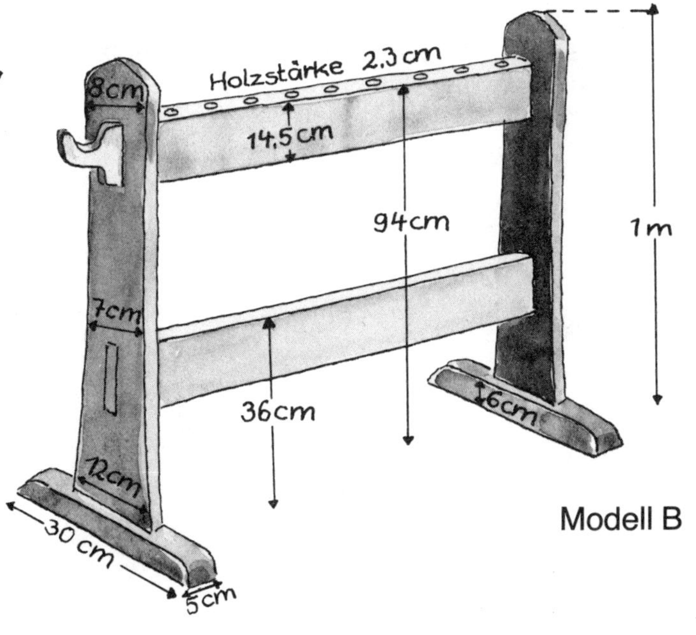

Modell B

diesem Falle zu beiden Seiten der Standbretter einen herausnehmbaren Holzkeil einfügen. So kann man die Ständertücher mit einem breiten Saum wie auf eine Gardinenstange aufziehen, sie fallen dann nicht andauernd herunter. In den oberen Querbalken können Löcher gebohrt werden, in die nach Bedarf dicke Peddigrohrstangen (∅ ca. 1 cm) als Verbindung zu einem zweiten Ständer gesteckt werden können (als Eingang oder Dach). An die Enden des Querbalkens, die wie ein Haken geformt sind (s. Abb.), können die Schlaufen der «Türe» gehängt werden (siehe Ständertücher) oder auch ein Glöckchen als Türglocke. Unter dem Brett (Modell A) sollte auf jeden Fall ein zweiter Balken angebracht werden, damit der Ständer genügend Festigkeit erhält.

Ständertücher

Material: Am besten eignet sich einfarbiger Batist oder ein anderer einfarbiger dünner Baumwollstoff. Bei 80 cm Stoffbreite braucht man zwei Bahnen, bei 120 cm oder 140 cm Stoffbreite nur eine Bahn.

Maße: a) Zuschnitt je Bahn 1,13 m, d. h. Fertiglänge 98 cm, Saum oben 10 cm, Saum unten 5 cm.
b) Zuschnitt 2,10 m, Saum unten je 5 bis 6 cm; doppelt legen und 10 cm absteppen zum Aufschieben.

Türe: Zuschnitt ca. 1,02 m, Fertiglänge 95 cm, Saum unten 5 cm, Saum oben 2 cm. In den oberen Saum vom gleichen Stoff an beiden Seiten je eine Schlaufe vom gleichen Stoff einnähen: ca. 10 cm lang, 2 cm breit.

Die Maße des Tuches für einen eventuellen Eingang oder für ein Dach richten sich nach der Höhe der Bögen. Diese Tücher brauchen nicht bis auf den Boden herabzureichen.

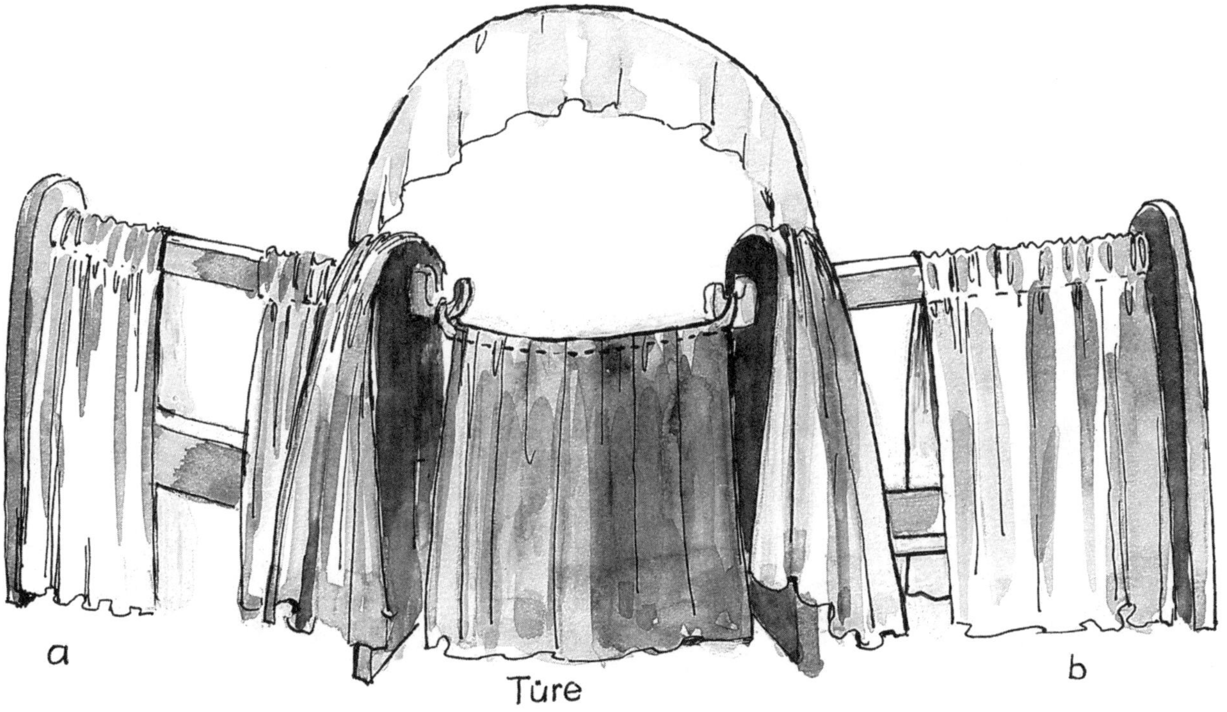
a
Türe
b

a
Türe
b

Spieltücher

Bautücher

Einfarbige Tücher gehören zu den wichtigsten und beliebtesten Dingen, die wir Kindern zum Spielen geben können. Beinahe alles läßt sich mit ihnen machen. Sie dienen zum Häuserbauen durch Verhängen von Tischen, Ständern und zusammengeschobenen Stühlen; als Unterlage zum Bauen mit Bauhölzern (als Wiese, See, Acker usw.); als Sack zum Transportieren von Kastanien, Tannenzapfen usw.; der Länge nach schmal gefaltet als Unterlage für einen selbstgemachten Zug (siehe Züge aus Rindenhölzern S. 45); oder schmalgefaltet und aufgerollt als Feuerwehrschlauch. Sie sind geeignet für jede Art der Verkleidung. Der kindlichen Phantasie sind keine Grenzen gesetzt, und sie wird im Umgang mit den Tüchern zu immer reicheren Ideen herausgefordert. Zum Beschweren der Tücher, damit sie z. B. nicht vom Tisch herunterrutschen, eignen sich sehr gut die Sandsäckchen (S. 34).

Material: Baumwollnessel, dünnes Leinen oder Popeline in verschiedenen nicht zu grellen Farben.
Maße: z. B. 80 × 150 cm

Verkleidetücher

Eine leichtere Stoffart, z. B. Baumwollbatist, ist besonders zum Verkleiden geeignet, weil sie zu diesem Zweck leichter zu handhaben sind als die Bautücher. Nicht nur lange Röcke, Schultertücher, Engelsflügel, Umhänge und Kopfbedeckungen aller Art sind damit möglich, sondern auch Verkleidungen, die eine bestimmte Rolle im Spiel verdeutlichen sollen, wie Arzt, Krankenschwester, Feuerwehrmann, Mutter, Großmutter, König, Prinzessin, Braut. Zum Befestigen der Tücher am Kopf oder als Gürtel dienen die Kronenbänder oder Wollkordeln (S. 33 und 34).

Material: Einfarbiger Baumwollbatist oder sehr feiner Nessel.
Maße: z. B. 80 × 120 cm

Kronenband

Mit diesen Bändern lassen sich besonders gut die Verkleidetücher (S. 31) am Kopf befestigen. Sie werden aber auch als Gürtel, als Wikkelband für die Puppen genommen, oder sie werden eng zusammengerollt und kunstvoll befestigt zur Hängelampe in einem gebauten Stübchen für die Puppen.

Material: dicke weiche Sportwolle, am schönsten ist gelbe Wolle,
Häkelnadel.

Mit 20 bis 25 cm Luftmaschen beginnen (Pfeil 1), zurück Kettmaschen häkeln (Pfeil 2), d.h. einstechen, Faden holen und gleich durch die vorhandene Masche durchziehen. Nun beginnt das Mittelstück: 40 cm Luftmaschen (Pfeil 3), dann wenden, 1 Luftmasche, eine feste Masche und ½ Stäbchen (d.h. Umschlag, Faden holen und gleich ganz durchziehen), normale Stäbchen (Pfeil 4) bis 2 Stiche vor dem *; es folgt wieder ½ Stäbchen und 1 feste Masche, 1 Luftmasche.

Wenden: Die zweite Seite (Pfeil 5) entsprechend: 1 feste Masche, ½ Stäbchen, normale Stäbchen und am Ende ½ Stäbchen, 1 feste Masche.

Es folgt das zweite Bindeband: 20 bis 25 cm Luftmaschen (Pfeil 6) und zurück Kettmaschen (Pfeil 7). Anfangs- und Endfaden gut vernähen.

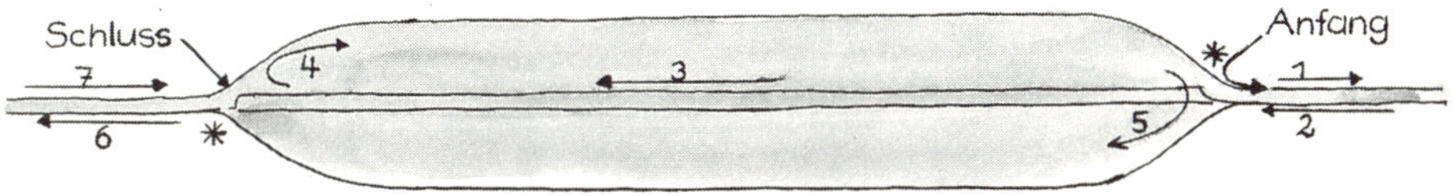

Kordeln

Weiche dicke Wollkordeln kann man den Kindern fast nicht genug geben. Sie verwenden sie, um die Tücher, mit denen sie sich verkleiden, zu befestigen; an einen Stock gebunden als Angelschnur; viele aneinandergebunden für die Konstruktion einer Seilbahn oder die Herstellung einer Telefonleitung; mitunter auch zum Bau einer Waage, wenn sie mal das Glück hatten, eine alte Waage zu sehen; in genialer Weise werden sie manchmal auch den Knotenpuppen (S. 56) um den Hals gebunden und diese in Marionetten verwandelt. Mit diesen wenigen Beispielen sei auf die Vielfalt der Verwendbarkeit hingewiesen.

Material: dicke, gute Sportwolle,
Häkelnadel Nr. 5 oder 6.

Mit drei- bis fünffach genommener Wolle etwa 60 bis 80 cm Luftmaschen häkeln. Die Fäden am Anfang und Ende vernähen.

Sandsäckchen

Mit ihnen können die Bautücher auf Tischen oder anderen Möbeln beschwert werden, ohne daß Beschädigungen wie etwa durch Rindenhölzer entstehen. Die Phantasie der Kinder macht sie aber auch – unter die Füße gebunden – zu Skiern, an ein Band gebunden zum Gewicht an einem Flaschenzug oder zum Fisch an der Angelrute, zum Stempelkissen beim Post spielen, als Ladung eines Holzzuges usw.

Material: sehr dichter Stoff, durch den kein Sand rieseln kann, Inlett o. ä.,
einfarbiger Überzugsstoff,
300 bis 350 g Sand je Säckchen.
Maße: 18 × 13 cm (fertige Größe),
Zuschnitt für einen Schlupfbezug: 14,5 × 49 cm.

Aus dem dichten Stoff die Säckchen nähen, mit Sand füllen und vollends zunähen.
Der Überzug kann ohne Verschluß, nur zum Schlüpfen genäht werden. So ist er leicht abzuziehen und zu waschen.
Zuerst die Schmalseiten säumen, dann – die linke Seite nach außen – den Stoff in Kissengröße falten und die Seitennähte schließen und versäubern. Wenden und bügeln.

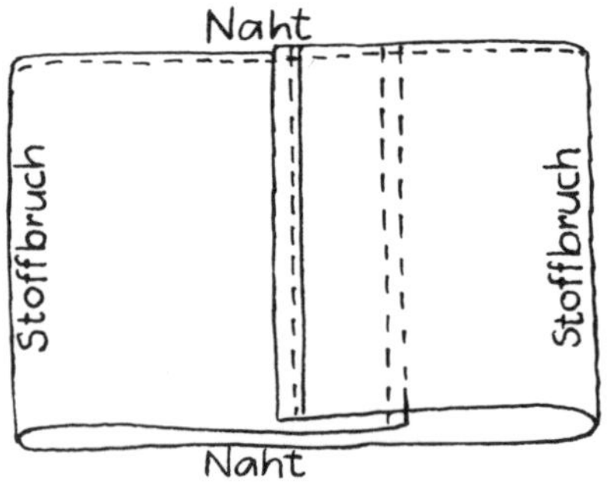

Spielkissen

Ein weiches, mit Wolle gefülltes Kissen erfreut jedes Kind. Es baut sich damit auf einer Bank oder am Boden auf einem Teppich ein Bett; sitzt am Boden darauf inmitten seiner Spielmaterialien; bindet es mit Kordeln (S. 34) auf den Kopf als Feuerwehrhelm oder auf den Rücken als Schulranzen.
Fertige Größe z. B. 40 × 30 cm.

Material: Einfacher Nessel oder ein Stoffrest als Hülle für die Wolle,
Bezugsstoff (sehr schön ist Baumwollcordsamt),
fein gezupfte oder gekämmte Schafwolle (möglichst Lagenwolle).

Die Kissenhülle an drei Seiten zunähen, mit der Wolle nicht zu dünn füllen, dann die vierte Seite schließen. Bezug nähen und überziehen.

Bauen am Boden oder auf Tischen

Welches Kind wird nicht mit ständig neuer Begeisterung all seine Baumaterialien hervorholen und ein sinnvolles Reich damit aufbauen. Immer ist es ja der Mensch, um den sich alles Geschehen gruppiert. Er braucht z. B. als Steuermann ein Schiff, dazu einen Fluß oder See, in dem Muscheln zu finden sind, als Schäfer eine Weide mit Schafen und ein Haus für Frau und Kinder, als Bauer dazu einen Stall mit Tieren, Pferd und Wagen, als Zugführer einen Zug mit Passagieren oder Ladungen. Je mehr die Kinder von sich aus die Vielfalt der Landschaft wahrnehmen oder durch Geschichten angeregt werden, um so deutlicher tritt sie auch in ihrem Bauen in Erscheinung: Z. B. ein Wald mit Höhlen für einzelne Tiere und einer Futterkrippe; ein Berg, der von vielen Zwergen bewohnt ist und auch eine Höhle für sie birgt.

Einfache Spielzeuge – geschnitzt oder genäht – regen dazu an, sie mit einer Vielzahl von Dingen zu umgeben, wie wir sie in der Natur in so reichem Maße finden: Wurzeln, Steine, Muscheln, Rinden, Zapfen und Früchte wie z. B. Kastanien und Eicheln. Ein grundlegender Gesichtspunkt für alle diese Dinge ist der, daß es gilt, die Feinsinnigkeit des kleinen Kindes so differenziert wie möglich zu beeindrucken. Das bezieht sich sowohl auf die fein aufeinander abgestimmten Farben, die plastischen Formen und die verschiedenen Eigenschaften der Materialien wie Stein, Holz, Wolle, Rinde, Stoffe (siehe auch «Wie wirken Sinneseindrücke auf das Kind?», S. 18).

Es ist zu beachten, daß die jüngeren Kinder bis etwa zum vierten Lebensjahr noch nicht in differenzierter Weise eine Landschaft oder ähnliches gestalten können. Sie stellen allermeist auf engstem Raum alle Dinge dicht nebeneinander und sind fertig, sobald der entsprechende Korb leer ist.

Bauhölzer

Bauhölzer aus verschieden großen Aststükken mit Rinde bieten nicht nur eine Fülle von organischen Formen und Natur-Farben, sondern viele Stücke regen durch irgendeine Besonderheit wie z. B. herausstehende Nebenäste oder geschwungene Formen dazu an, ganz andere Dinge aus dem alltäglichen Erfahrungsbereich der Kinder darin zu entdecken. So kann ein gebogener Ast einmal eine Brükke, ein andermal ein Schwert, eine Trompete, eine Sense sein. Oder ein herausstehender Nebenast kann z. B. ein Brunnen, der Schornstein einer Lokomotive, der Halter für eine Hausglocke oder Teil einer Umzäunung sein.
Beim Bauen eines Hauses, Leuchtturmes oder anderen Gebäudes werden diese Hölzer nicht durch ein bequemes Druckknopf- oder Schraubensystem zusammengehalten, sondern durch das Regsamwerden innerer statischer und Gleichgewichtskräfte.

Material: Birkenäste und andere Hölzer mit einer schönen Rinde, Durchmesser ca. 2 bis 15 cm.

Die Äste werden je nach Stärke verschieden lang zugesägt, etwa 2 bis 25 cm. Einige dicke Äste können mit dem Beil einmal gespalten werden. Von den ganz dicken Ästen Scheiben absägen, etwa 2,5 bis 4 cm dick. Nebenäste niemals ganz absägen, sondern immer einige Zentimeter lang stehen lassen!

Die Ränder der Schnittflächen mit einem Handschnitz- oder Taschenmesser beschnitzen, so daß sie nicht mehr scharf sind. Die Schnittflächen selbst fein schmirgeln und anschließend mit Bienenwachsbalsam (siehe Bezugsquellen S. 99) oder reinem Leinöl einreiben und polieren. So ist das Holz geschützt und kann leicht gereinigt werden (siehe auch S. 95).
Zum Aufbewahren der Hölzer eignen sich besonders gut große Weidenkörbe.

Zur Ergänzung der Bauhölzer:
Jeweils in verschiedenen Körben z. B. Rinde, Kiefernzapfen, Steine, Muscheln, Schafwolle, Federn, Kastanien, Eicheln. Ferner einfache geschnitzte Menschen- und Tierfiguren (S. 42), Stehpuppen (S. 47) und Zwerge (S. 49); kleine Bautücher, hölzerne Wäscheklammern.

Kleine Bautücher

Einfarbige Stoffreste in verschiedenen Maßen und verschiedenen Stoffstärken sind eine willkommene Bereicherung besonders für das Bauen am Boden (S. 37). Oft wird ein kleiner Fluß oder See für ein Rindenschiff gebraucht oder für die Abdeckung eines Astes, so daß eine Höhle entsteht, oder es fehlt ein bestimmtes Tier, das in einer kleinen Geschichte vorkommen soll und geschwind aus einem oder zwei Knoten entstehen kann.
Größe durchschnittlich 50 × 50 cm.

Zapfenvögelchen

Material: Fichtenzapfen, Bucheckerhülle, kleine Federn, reines, gut haftendes Bienenwachs oder Uhu.

Die Bucheckerhülle (Kopf) wird mit Bienenwachs oder Uhu auf der Spitze des Fichtenzapfens befestigt. Auf beiden Seiten und hinten als Schwanz werden je 2 bis 3 Federn ebenfalls mit Bienenwachs oder Uhu befestigt.
Man kann um das Vögelchen einen Faden binden und es damit an einem Stock aufhängen.

Rindenschiff

Material: Kiefernrinde (o. a.), Stöckchen, Birkenrinde, Federn oder Stoff für das Segel.

In das Rindenstück ein Loch für das Stöckchen bohren. Die Birkenrinde oder den Stoff mit kleinen Nägeln an das Stöckchen nageln oder leimen.

Geschnitzte Menschenfiguren

Material: Birkenaststücke im Durchmesser von ca. 2 bis 4 cm. Die Länge richtet sich nach dem Durchmesser. Handschnitz- oder Taschenmesser.

Zunächst das Stämmchen nach oben zu abrunden (in Pfeilrichtung). Dann den Halsbogen schnitzen, wobei der Kopf ruhig ein wenig schmaler werden darf. Darauf achten, daß der Hals nicht als spitze Furche entsteht. Ein Gesicht braucht nicht angedeutet zu werden. Dagegen kann ein kleiner Ansatz eines Nebenastes etwa zu einem Haarknoten werden.
Bei einigen Figuren kann die Rinde so abgeschnitzt werden, daß sie wie ein Mantel wirkt. Die Länge der Figur so absägen, daß die Kopfhöhe etwa ¼ der gesamten Gestalt ausmacht. Die geschnitzten Flächen mit Bienenwachsbalsam (siehe Bezugsquellen) einreiben.

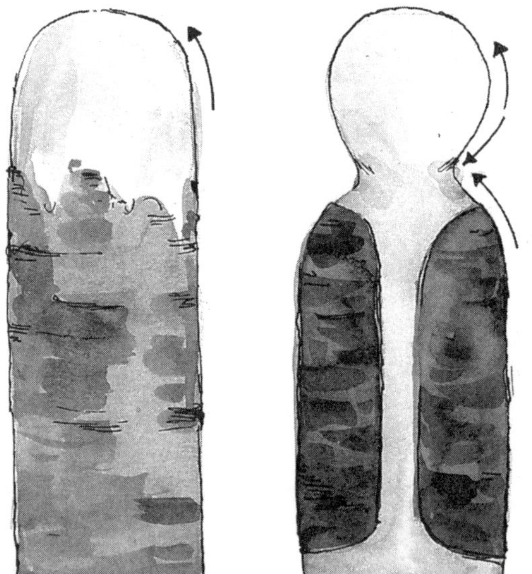

Tiere aus Astholz

Eine für die Kinder sehr anregende Art, Spielzeugtiere herzustellen, ist die Verwendung von Astholz. Mit einer kleinen Säge, einem scharfen Taschenmesser und ein wenig Phantasie ausgerüstet, lassen sich die kleinen Wesen in herumliegenden Ästen – auch frisch geschlagener Bäume – entdecken. Es braucht ja nur die typische Haltung oder ein charakteristischer Wesenszug zu erscheinen, und schon wird die kindliche Phantasie alles übrige ergänzen.

Als Erwachsener hat man anfangs vielleicht ein wenig Mühe, sich in die Astgesten hineinzusehen. Doch wenn man erst einmal eine Sammlung einfacher Astgabeln oder Verästelungen vor sich liegen hat, so wird man mehr und mehr daran entdecken. Gute Hilfen und Anregungen findet man hierzu in «Plastisches Gestalten in Holz», Band III, von Anke-Usche Clausen und Martin Riedel.
Die beschnitzten Flächen mit Bienenwachsbalsam (siehe Bezugsquellen) einreiben.

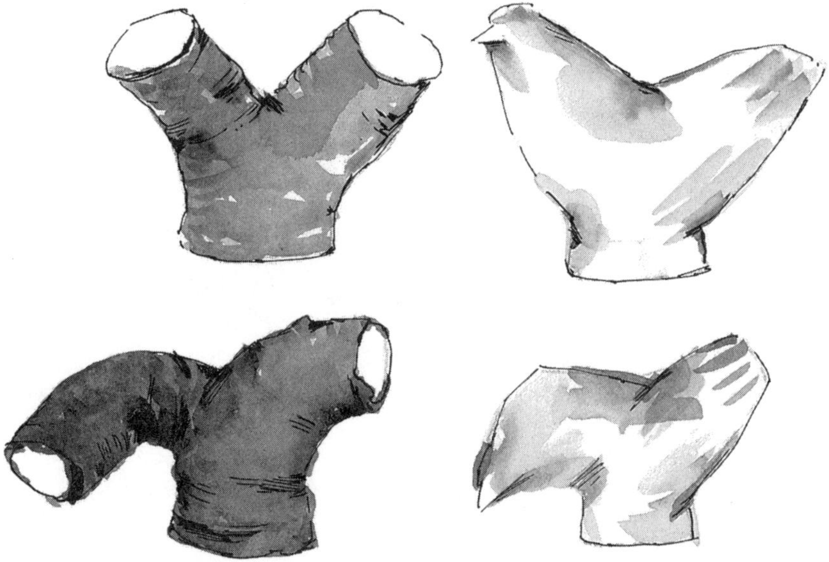

Brücken aus Astholz

Material: In einem schönen engen oder weiten Bogen gewachsene, nicht zu dünne Äste von z. B. Birken, Kastanien, Ahorn, allen Arten von Obstbäumen.
Kleines Campingbeil, Säge, Handschnitz- oder Taschenmesser.

Mit dem Beil die obere Fläche «beschnitzen». Es ist ratsam, am höchsten Punkt zu beginnen und nach beiden Seiten abwärts zu beilen, so lange, bis eine schöne breite Brückenfläche entstanden ist. Es geht leichter, wenn man das Beil ziemlich weit vorne anfaßt und jeweils nur kleine Stücke abbeilt. Nach ein wenig Übung gewinnt man Sicherheit in der Beilführung. Die Enden schräg absägen, so daß die Brücke einen guten Stand hat.
Mit dem Handmesser die Kanten leicht beschnitzen und die Beilspuren ausgleichen. Letzteres kann auch mit einer Feile geschehen. Unter Umständen die bearbeitete Fläche gut schmirgeln und mit Bienenwachsbalsam (siehe Bezugsquellen) einreiben. Die Rinde an den nicht bearbeiteten Stellen kann stehen bleiben, ebenso kurz abgesägte Nebenäste.

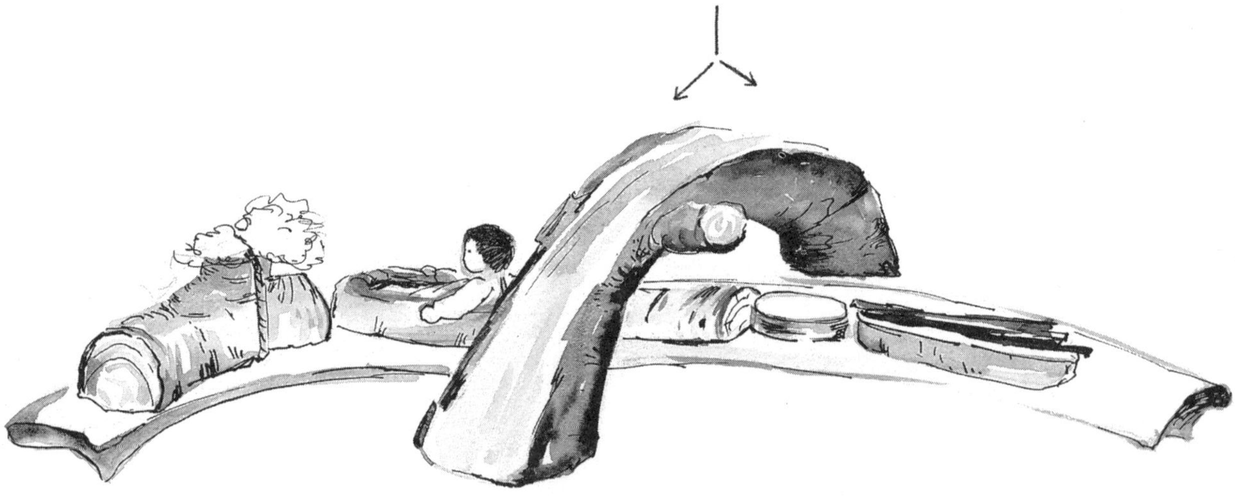

Züge aus Rindenhölzern

Einmal gespaltene Hölzer, dazu einige Hölzer, die etwas ausgehöhlt sind, oder andere, die einen herausstehenden Nebenast haben, regen die Kinder an, die herrlichsten Züge in immer neuen Variationen zusammenzubauen. Auf Räder kann dabei ganz verzichtet werden, wenn man ihnen ein der Länge nach schmalgefaltetes Bautuch (S. 31) gibt. Das Holzstück mit Nebenast wird meist für die Lokomotive gewählt und der Nebenast, mit feingezupfter Schafwolle bedeckt, als Schornstein mit Rauch erklärt. Die Hölzer können selbstverständlich beschnitzt werden und sollten eine gute Standfläche haben. Nichtbeschnitzte Hölzer, kleine Glöckchen, Fahrgäste oder Ladungen werden aus dem übrigen Spielzeugangebot hinzugenommen. Wenn das Kinderzimmer einen Teppichboden hat, so muß man den Kindern glatte Stoffstücke (z. B. Satin oder Futterstoff) zum Unterlegen geben. Alle bearbeiteten Flächen ohne Rinde mit Bienenwachsbalsam (siehe Bezugsquellen) einreiben.

Material: diverse Rindenhölzer (Birke, Ahorn, Kastanie oder Obstbäume),
Säge, Beil,
Handschnitz- oder Taschenmesser,
Hohleisen.

Stehpuppen

So wie die geschnitzten Menschenfiguren (S. 42) dienen die Stehpuppen den Kindern besonders für ihr Bauen am Boden oder auf einem Tisch. Sie können in verschiedenen Größen und Gestalten hergestellt werden und so ganze Familien bilden. Wenn man versucht, sie ganz einfach zu halten, dann lassen sie sich im Spiel auch verwandeln. So wurden z. B. einmal einige Schäfer in der Hängematte (S. 71) von einem großen Schiff aus als Forellen angesehen. Manchmal binden die Kinder einer Figur auch ein weiteres Tüchlein um, wenn sie z. B. in einer Geschichte eine bestimmte Gestalt charakterisieren wollen. Ausführliche Anleitung für einfache Gestalten aus Schafwolle im Bändchen «Puppenspiel», (s. Literaturhinweis S. 98).

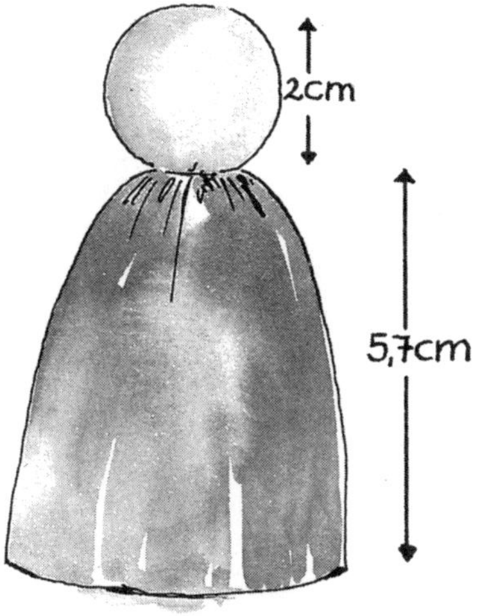

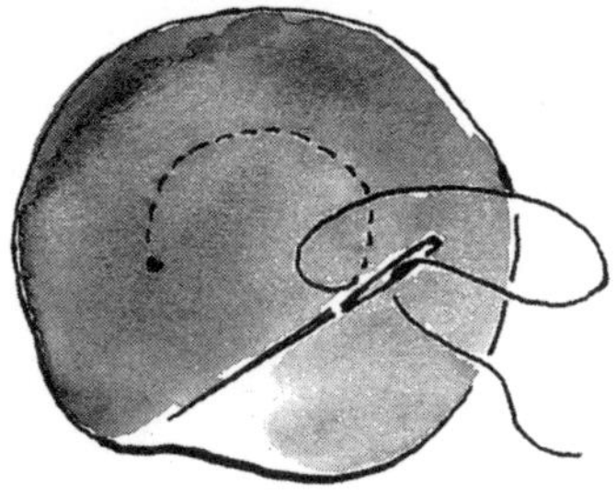

Material: Stoff- oder Filzreste,
Trikot für den Kopf,
weiße, ungesponnene Schafwolle zum Ausstopfen,
gelbe und braune ungesponnene Schafwolle für die Haare,
Nähzeug.

Ein wenig gezupfte und dann rundgeformte Schafwolle wird mit einem quadratischen Stück Trikot umhüllt und am Hals abgebunden. Es kann der Kopf auch nur aus Schafwolle bestehen. Auf Augen und Mund wird in dem Fall verzichtet. Dann formt man aus der

Wolle eine Säule und bindet nur den Kopf ab, achtet aber darauf, daß er schön rund wird. Für das Gewand wird ein rechteckiges Stück Filz oder Stoff (14 × 22 cm bei einer Kopfhöhe von 4,5 cm oder 9,0 × 14 cm bei einer Kopfhöhe von nur 3 cm) zusammengenäht. Die Länge des Gewandes ist knapp dreimal die Kopfhöhe. An der oberen Kante wird ein Kräuselfaden durchgezogen. Dann näht man das Gewand an den Kopf. Ein wenig farbige Schafwolle wird als Haarschopf leicht am Kopf angenäht oder die Haare werden mit Wolle gestickt. Augen und Mund werden mit einem Buntstift leicht angedeutet. Man kann das Gewand noch mit etwas Wolle ausstopfen, damit die Puppe einen sicheren Stand hat.

Die so entstandenen Puppen werden nun noch mit einer einfachen «Hülle» umkleidet, einem Umhang oder Schultertuch. Hüte sind leicht aus einem runden Stück Filz herzustellen, bei dem ein Kräuselfaden so durchgezogen wird, daß ein etwas welliger Hutrand entsteht. Der Hut wird am Kopf mit wenigen Stichen befestigt.

Auf weitere differenzierter ausgestaltete Kleidungsstücke, z. B. eine Trägerschürze, sollte man bewußt verzichten. Sie sind eher für Puppen mit Gliedmaßen geeignet.

Mitunter sind für eine Figur Hände erwünscht. Diese können aus dem rosa Trikot genäht und geschickt in eine Umhangfalte eingearbeitet werden.

Zwerge

Kinder haben noch eine natürliche Beziehung zu allerlei Wesen, die uns in den verschiedenen Naturreichen umgeben. Sie hören von ihnen in den Märchen, sie begleiten sie in den rhythmisch geformten Spielen, und sie leben mit ihnen in Augenblicken tiefversunkenen Spielens in der Natur. Aber auch im Raum lassen sie mitunter solche Wesen erscheinen, wenn die sie umgebenden Erwachsenen Bewußtsein und Wahrheitsliebe diesen Welten gegenüber entwickeln können. Oft genügen ein paar bunte Wollflocken, um für den Augenblick daraus einen Zwerg oder eine Elfe entstehen zu lassen.

Genähte oder gar gestrickte Zwerge bedürfen einer besonderen Pflege im Kinderzimmer. Sie haben ihr Reich vielleicht in einem Winkel bei Wurzeln und Steinen und Zapfen aller Art (siehe auch «Zwerge», Literaturhinweis S. 98).

Material: Filzreste,
ungesponnene Schafwolle.

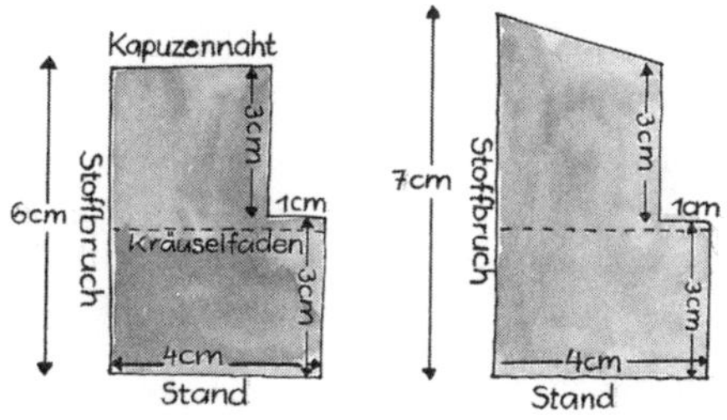

Den Zwergenmantel zuschneiden (siehe Zeichnung). Die Kapuzennaht schließen und anschließend umwenden. An der markierten Stelle einen Kräuselfaden durchziehen. Ein wenig gut gezupfte Schafwolle in das Mäntelchen geben, den Kräuselfaden etwas anziehen, vorne zubinden und gut vernähen. Etwas von der Schafwolle kann als Bart herausgezupft oder extra angenäht werden.

Auch rund um das Gesicht kann etwas Wolle herausgezupft werden.

Unten herausstehende Schafwolle wird abgeschnitten, damit eine ordentliche Standfläche entsteht. Die Zwerge können in verschiedenen Größen gearbeitet werden. Die Proportionen verändern sich dabei nicht.

Man muß darauf achten, daß der Kopf wirklich groß genug wird. Selbstverständlich können diese kleinen Zwerge in einem Körbchen, sorgfältig geordnet, zu den anderen Spielsachen dazugestellt werden.

Schafe aus Krempelflor

Diese Schafe sind besonders gut und leicht in Gegenwart von Kindern herzustellen. Auch regt es die Kinder selbst an, viele eigene Schäfchen zu machen. Man braucht ihnen dabei fast gar nicht zu helfen, denn jedes Wollgebilde – und wenn es nur eine Flocke ist – kann schon als Schaf angesehen werden. Bei häufigem Gebrauch müssen diese Schafe gelegentlich erneuert werden. Man löst den Halsfaden und die Heftstiche, wäscht die Wolle vorsichtig, zupft sie ein wenig und macht dann ein neues Schäfchen.

Material: Krempelflor,
Heftgarn,
Stopfnadel mit sehr dickem Öhr.

Ein rechteckiges Stückchen Krempelflor einrollen und unten leicht zusammennähen. An den Enden von der oberen Wolle ein wenig herunterziehen, so daß sie abgerundet werden und eine Eiform entsteht. Mit wenigen Stichen befestigen. Den gleichen Faden kann man für den Hals verwenden. Man sticht an der Seite heraus, bindet den Kopf ab (siehe Zeichnung), sticht wieder nach unten durch und vernäht. Der Halsfaden muß kneifen. Er ist dann unsichtbar. Für die Ohren ein wenig Wolle mit der dicken Nadel durch den Kopf ziehen. Die Enden mit den Fingerspitzen etwas formen. Auf die gleiche Weise können Hasen entstehen, wenn die Ohren nach oben geformt werden.

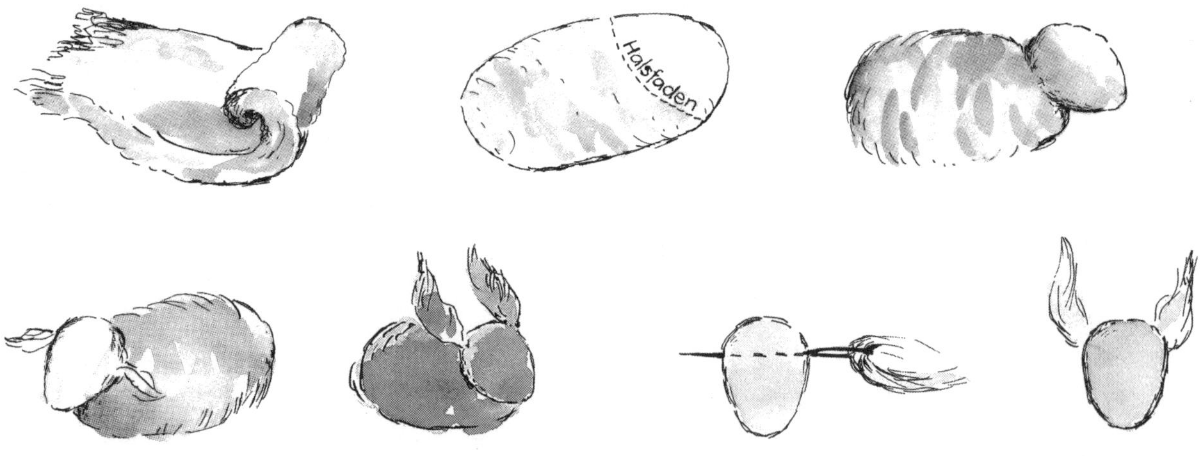

Schafe (Wickeltechnik)

Diese Art der Schäfchen ist nicht so sehr als Spielzeug geeignet, vor allem nicht für Kinder unter ca. 6 Jahren. Sie sind sehr schön für den Krippenaufbau in der Adventszeit. Geschickte Schulkinder von der 2., 3. Klasse an können helfen, sie herzustellen.

Material: Biegeplüsch; Pfeifenputzer sind möglich für sehr kleine Schäfchen, gekämmte, ungesponnene Schafwolle, möglichst in einem Strang (Kammzug),
Stopfnadel oder Teppichnadel mit sehr dickem Öhr.

Für ein Schaf braucht man zwei gleichlange Stücke Biegeplüsch, z. B. je 25 cm. Von der Länge der Stücke hängt die Größe der Schafe ab. Mit dem 1. Stück wird der Kopf und die Vorderbeine, mit dem 2. Stück der Bauch und die Hinterbeine jeweils in der gewünschten Stellung geformt. Bei dem liegenden Schaf (b) kann auf Hinterbeine verzichtet werden. Man wickelt die Enden um den Bauchring.
Das erste Stück des Biegeplüsches auf die Hälfte biegen. Nach ca. 3,5 cm die beiden Enden zusammendrehen und die Schlinge für den Kopf oval formen. Nach etwa drei Umdre-

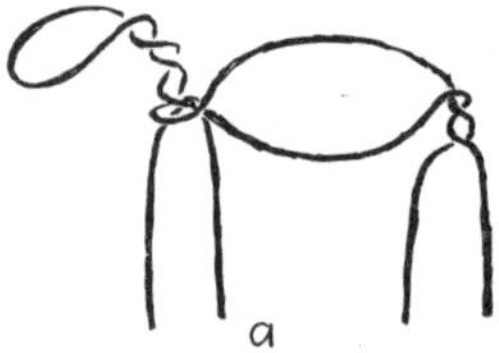
a

c

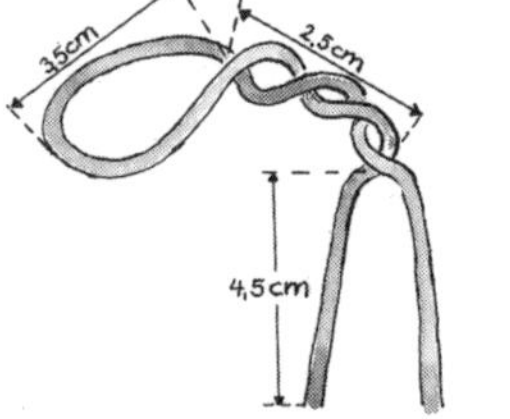

b

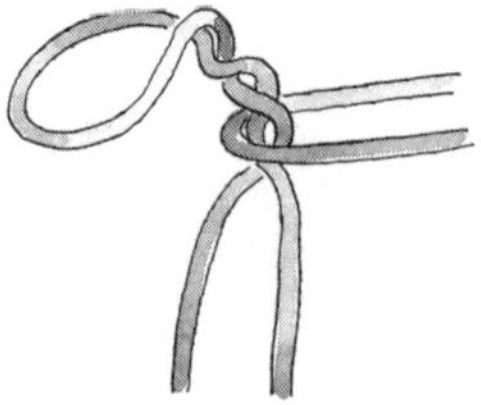

hungen für den Hals die Enden für die Vorderbeine auseinanderbiegen.
Nun das zweite Stück Biegeplüsch auf die Hälfte knicken und um das Ende des Halses legen. Eine oder u. U. zwei feste Umdrehungen ausführen. Es soll nicht wackeln. Nach der Bauchschlinge die Enden 1 ½ mal umdrehen und die Hinterbeine auseinanderbiegen.
Die Maßangaben sind nur Anhaltspunkte. Man wird sehr schnell einen Blick für die jeweils richtige Proportion gewinnen.
Mit einem sehr dünnen Wollstrang an den Füßen mit dem Umwickeln beginnen. Je feiner der Wollstrang, um so besser schmiegt sich die Wolle zusammen. Wenn alle vier Beine umwickelt sind, folgt das Umwickeln des Kopfes, des Halses und zuletzt des Bauches in der jeweils erforderlichen Stärke.
Ohren: Mit der dicken Nadel ein wenig Wolle an der entsprechenden Stelle durch den Kopf ziehen, in Ohrlänge abzupfen und ein wenig formen.
Schwanz: Ganz wenig Wolle herauszupfen, zwischen zwei Fingern etwas drehen, so daß der Schwanz in der richtigen Länge und Dicke entsteht.

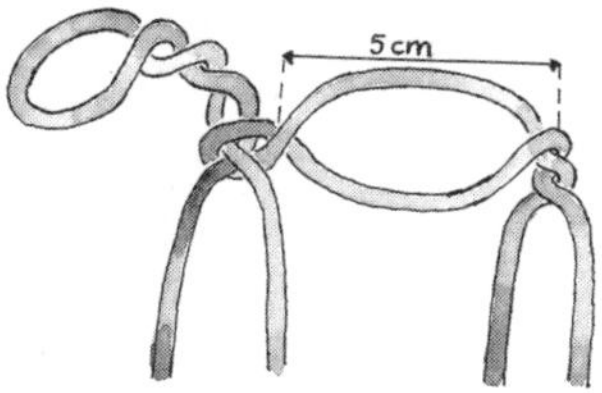

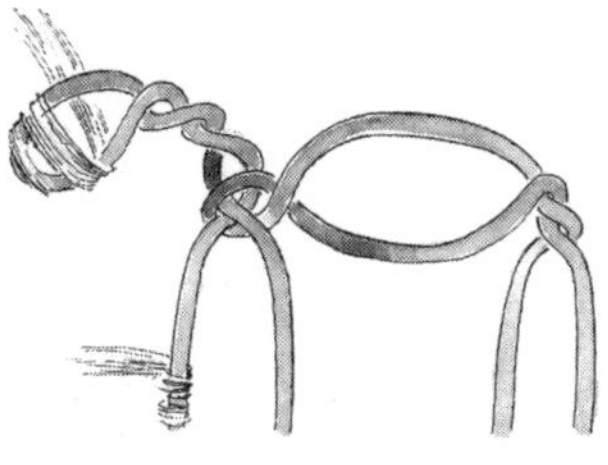

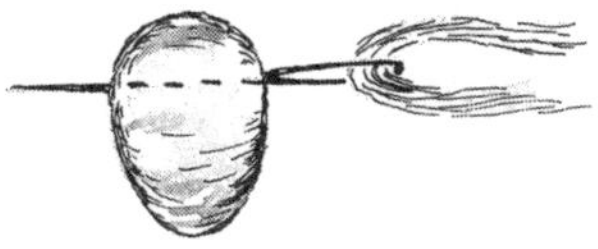

Die Puppenecke

Mit zwei Ständern (S. 26) oder einem Ständer und einem Regal läßt sich leicht im Kinderzimmer eine Ecke abteilen, in der die Puppenkinder ihr Zuhause haben. Die Ständer werden von den Kindern oft anders gestellt, es wird umgebaut oder gar angebaut. Hier wird nachahmend das tägliche Leben vollzogen. Verzichten wir auch hier auf reale Spielgegenstände wie z. B. kleine Plastikbadewanne, Kochherd, Bügeleisen, dann eröffnen wir den Kindern die Möglichkeit, «echte» Dinge immer wieder neu zu finden. So kann einmal ein Korb, ein andermal eine umgedrehte Fußbank zur Badewanne werden; zwei runde Holzscheiben zu Herdplatten, Topfdeckeln oder Waffeleisen; ein kleines Aststück zum Becher, Föhn, Wäschesprenger u. v. m.

Das Wichtigste sind natürlich hier die Puppen, die – wenn sie einfach genug gestaltet sind – die Vielfalt der menschlichen Erscheinungsformen in der kindlichen Phantasie ermöglichen (siehe auch S. 21 «Die Puppe, eines der bedeutendsten Spielzeuge»).

Wichtig für das Spiel mit den Puppen sind selbstverständlich Wickeltücher (S. 66), Kronenbänder (S. 33), Wollkordeln und ein wenig Schafwolle, so daß die Kinder je nach Alter und Erfahrung ihre Puppenkinder ausgestalten und bekleiden können. Größeren Kindern (5 bis 6jährigen) kann man auch ein einfaches, vielleicht schön besticktes Puppenkleid dazu geben. Steckbettchen (S. 67), diverse Körbe, eine Wiege, eine Hängematte (S. 71), eine Fußbank dienen als Schlafstätten für die Puppenkinder. Kleine Holzschüsseln und -löffel, Obstkerne, Eicheln und Kastanien, kleine Vasen und Kerzenleuchter, eine Kinderharfe (siehe Bezugsquellen) sind für das Nachahmen des täglichen Lebens oder eines besonderen Festes im freudig-ernsten Spiel sehr geeignet.

Herstellung von Knotenpuppen und Knotentieren

Material: verschiedene, einfarbige Tücher, etwas ungesponnene Schafwolle.

Für die **Menschengestalt** werden aus einem Zipfel eines Tuches der Kopf, aus zwei Zipfeln die Arme geknotet. Ist das Tuch sehr weich und nicht zu klein, so nimmt man es an der markierten (X) Stelle auf und macht aus diesem herausgezogenen Zipfel einen einfachen Knoten als Kopf. Aus den beiden kürzeren Zipfeln knotet man die Hände. Als Großmutter kann sie ein Kopftuch bekommen. Dem Großvater oder Schäfer steckt man ein wenig Wolle in den Knoten als Bart.

Für die **Tiergestalt** sei beispielhaft die Schnecke beschrieben:

In zwei Zipfel des Tuches ganz ans Ende je einen kleinen Knoten machen. Diese beiden Zipfel dann zusammennehmen und einen Knoten als Kopf knoten. Aus dem Rest des Tuches wird entweder aus zwei übereinander ausgeführten Knoten oder indem man das Tuch mehrmals um die Hand wickelt und dann erst knotet, das Schneckenhaus geformt.

Je nachdem, ob solch ein Knoten in einem Tuch ein wenig in die Länge gezogen oder rundlich geformt wird, oder ob mehrere Knoten unterschiedlicher Größe an ein Tuch angebracht werden, hat die kindliche Phantasie Gelegenheit, typische Gestalten (Hasen, Füchse, Schafe u. v. m.) darin wiederzuerkennen.
Das Charakteristische eines Wesens kann gut auch durch die Farbe des Tuches zum Ausdruck gebracht werden. So wird z. B. ein grüner Knoten ohne weiteres zum Frosch, ein blauer vielleicht zum Vogel im Nest.

Zipfelpuppe

Eine Mutter, die sich entschließt, ihrem Kind eine Knoten- oder Zipfelpuppe zu geben – wohl ahnend, daß sie damit in ihrem Kind besondere Kräfte zur Entfaltung bringen kann (siehe auch S. 21 «Die Puppe, eines der bedeutendsten Spielzeuge») – muß gleichzeitig wissen, daß auch von ihr selbst etwas besonderes gefordert wird. Es ist die aufzubringende Liebe zu dieser Puppe, die dann vom Kind nachgeahmt werden kann. Sie entsteht zunächst durch die sorgfältige Herstellung und wird erhalten durch bewußtes Begleiten der Puppe im Zusammensein mit dem Kind durch den ganzen Tag.

Material: zartrosa Wollstoff oder Flanell (Biberbettuch),
Seide (für Säuglinge und Kleinstkinder),
ungesponnene Schafwolle.

Maße: 45 bis 50 cm Kantenlänge (quadratisch)
35 bis 40 cm für die Seide.

Den Stoff ringsum säumen, möglichst von Hand, so daß der Saum schön weich wird. Die Wolle fein zupfen (s. S. 96 «Umgang mit ungesponnener Wolle»), eine Kugel daraus formen und mit dem Stoff umhüllen. Mit einer gedrehten Wollflocke den Hals nicht zu fest abbinden. Darauf achten, daß alle vier Zipfel etwa gleich lang herabhängen. In zwei gegenüberliegende Zipfel je einen Knoten für die Hände machen. Darauf achten, daß die Arme nicht zu lang werden. Augen und Mund können mit einem Farbstift durch Punkte zart angedeutet werden. Es ist ratsam, den Kindern zum Einwickeln und Bekleiden der Puppen einige Puppentücher (S. 66) zu geben.
Bei der Seidenpuppe kann die Wolle etwa 1 ½ Kopfhöhen unterhalb des Halsfadens zu einem Leib geformt werden. Dieser sollte aber mit Seide umnäht werden, damit die Kinder die Wolle nicht in den Mund stecken können. Wenn die Wolle vom Kopf durch den Hals zum Leib geführt wird, erhält der Kopf mehr Festigkeit.

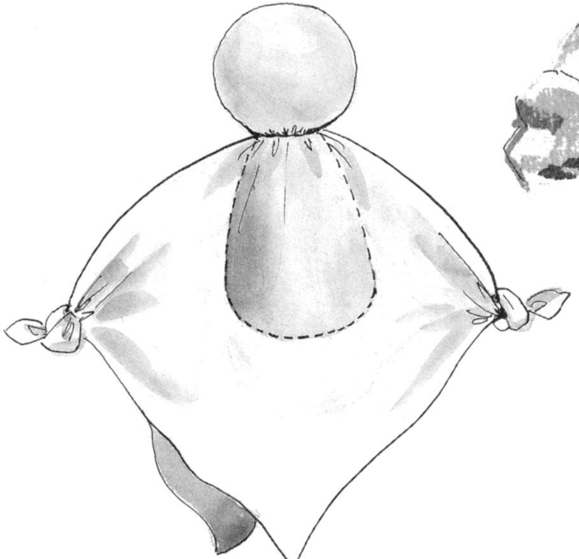

Gliederpuppe

Siehe hierzu S. 21 «Die Puppe, eines der bedeutendsten Spielzeuge».

Material: weißer Trikot (altes Unterhemd),
zart rosa Trikot,
ungesponnene Schafwolle,
starker weißer Faden (Zwirn oder MEZ-Stickgarn),
Strickwolle für die Haare.

Der Kopf (Höhe 6 cm):

Die gezupfte Schafwolle (siehe S. 96) wird mit einem quadratischen Stück weißem Trikot (ca. 20 × 20 cm) umgeben, zu einer festen Kugel geformt und abgebunden. Damit der Kopf später nicht so leicht wackelt, ist es ratsam, eine sehr fest gewickelte Schafwollröhre vor dem Abbinden in die Kopfkugel zu stecken.
An der Stelle eines Ohres wird der doppelte, starke Faden befestigt, einmal waagerecht um den Kopf gelegt, dabei sehr fest angezogen (der Faden muß kneifen) und am Ausgangspunkt gut befestigt. Den Faden noch ein halbes Mal herumlegen bis zum zweiten Ohr und hier gut befestigen, damit er nicht verrutschen kann.
Den Faden über den Kopf und durch den Hals (vor der Wollröhre) weiterführen, aber nicht zu fest anziehen. Die Kreuzungspunkte gut befestigen. Für den Hinterkopf eine Hälfte des horizontalen Fadens bis auf 1 ½ cm über dem Halsfaden herunterziehen.

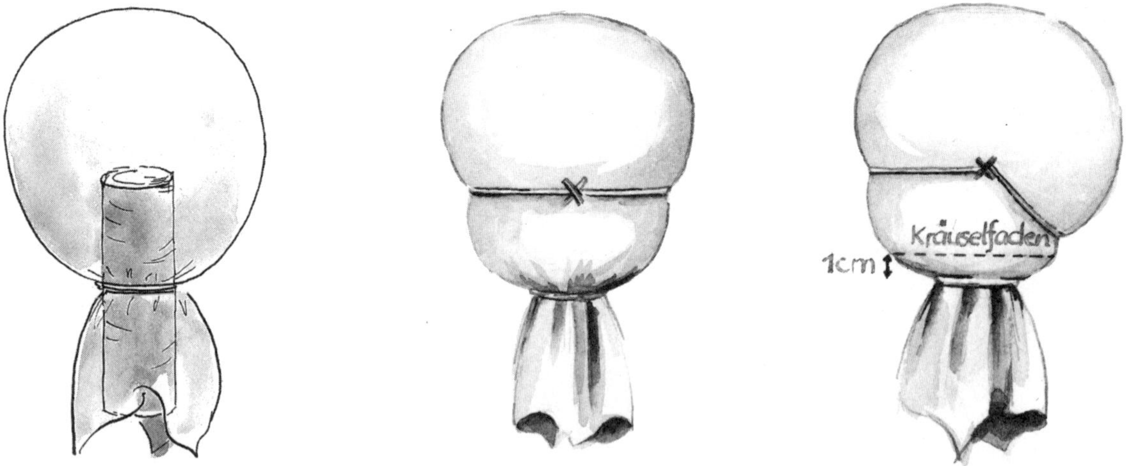

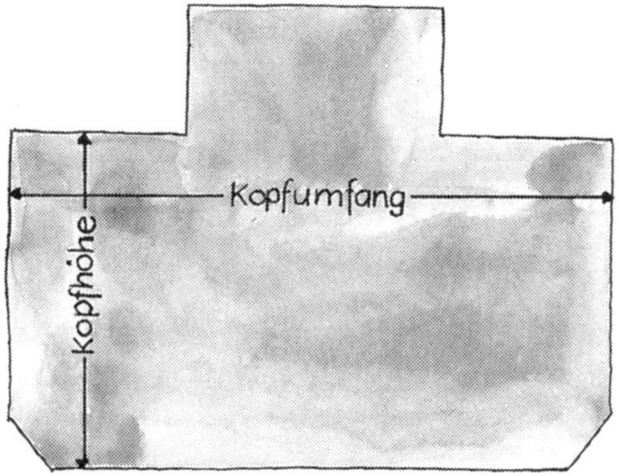

Überzugstrikot

Den Überzugstrikot nach Abbildung zuschneiden. Die Maschen laufen senkrecht über das Gesicht.
Den Trikot über das Gesicht legen, in der Augenlinie gut anschmiegen und oben und hinten übereinanderstecken und zusammennähen. Am Hals weit übereinanderziehen, damit vorne am Kinn keine Falten entstehen.
Die Augen zuerst mit Stecknadeln auf der Augenlinie andeuten. Dann vom Ohr aus zum ersten Auge, von hier aus zum zweiten Auge und dann zum zweiten Ohr stechen. Der Augenstich ist etwa ½ cm lang. Darauf achten, daß der Augenstich ganz waagerecht liegt und der Augenabstand nicht zu eng ist.
Mit einem blauen Buntstift werden die Augen übermalt. Den Mund mit Rotstift andeuten.

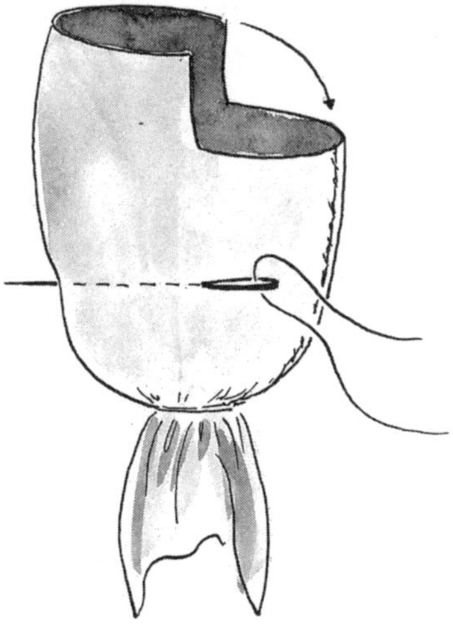

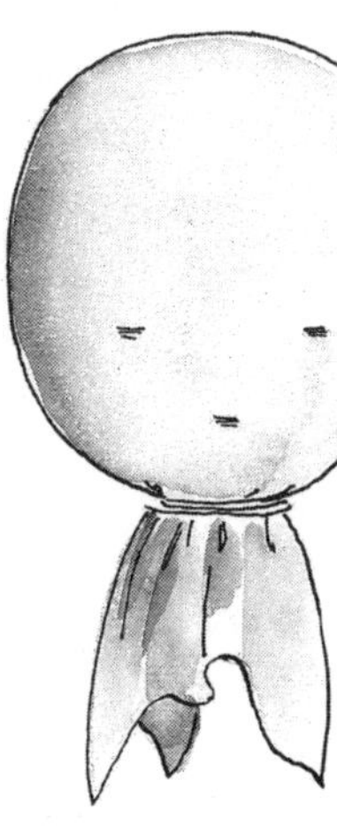

Die Haare

werden mit Strickwolle gestickt.
Für Pferdeschwanz und Struwwelhaare wird der obere Wirbel zum Mittelpunkt gewählt; für Zöpfe nimmt man einen Punkt jeweils etwas unterhalb des Ohres. Von da aus werden mit langen Spannstichen bis zum Haaransatz rings um den Kopf einzelne Teile markiert. Bei Zöpfen mit dem Bleistift einen Mittelscheitel dünn markieren und jeweils von einem Ohr bis zum Scheitel die Spannstiche ausführen, wobei nicht alle Stiche bis zum Ohr hinuntergehen, weil es da sonst zu dick würde. Jedes Teil wird dann für sich mit dichten Spannstichen ausgefüllt. Anfang und Ende der Fäden als Haare hängen lassen. Anschließend werden noch einzelne Haare dazwischen genäht, indem man durch den gleichen Wollfaden zurücksticht oder den Stich befestigt.

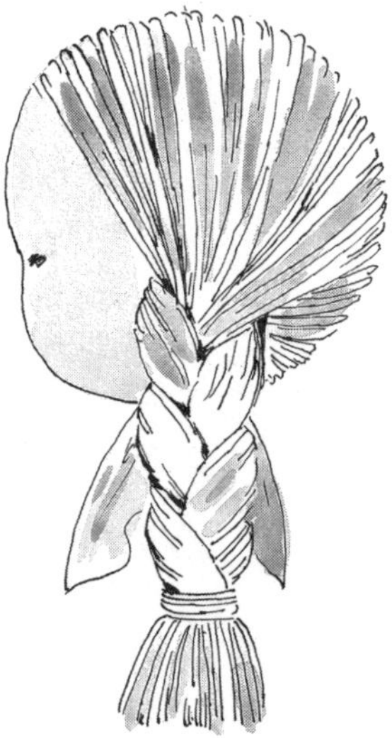

Der Körper

Arme und Körper nach Schnitt (siehe Seite 64) aus rosa Trikot oder einem alten dünnen Strickpullover zuschneiden. Die Zentimeterangaben können nur als Richtlinie dienen, da die mehr oder weniger starke Dehnbarkeit des Strickstoffes berücksichtigt werden muß.

Die Arme reichen herunter bis ungefähr zum Schritt.

Die Arme nähen und wenden und bis zur Schulter weich mit Schafwolle stopfen. (Schulter leer lassen, damit die Arme beweglich bleiben.)

In die Mitte des Stoffbruches ein kleines Loch schneiden und die Lappenenden des Kopfes mit dem Halswulst hindurchstecken. Am Halsfaden ringsum mit ein paar Stichen befestigen.

Am Körper die rückwärtige Naht vom Schritt bis zur Schulter und dann die Beinnähte (einschließlich Fußnaht) schließen.

Im Schritt vorsichtig einschneiden und dann den Körper wenden.

Beine bis zum Schritt stopfen. Dann mit einem neuen Ballen Wolle den Körper stopfen (so bleiben auch die Beine zum Sitzen beweglich). Beine und Körper werden fester gestopft als die Arme. Während des Stopfens mit einer Hand ständig formen.

Mitten in die Wolle des Körpers ein Loch machen und die herabhängenden Zipfel des

Kopfes hineinstecken. Den Körperstoff über die Arme bis zum Hals hochziehen, am Halsfaden annähen und die Schulternähte schließen.
Den Stoff um das Armloch etwas einschlagen und an den Armen annähen (nicht einschneiden).
Die Hände leicht abbinden oder am Handgelenk einen Kräuselfaden durchziehen.
Den Fuß im rechten Winkel hochbiegen und an der Berührungsstelle mit dem Bein annähen. Den Faden etwas anziehen, mit kleinen Vorstichen um die Ferse gehen, wieder Faden anziehen und von Knöchel zu Knöchel durchstechen und vernähen.
Damit die Puppen beim Waschen nicht ihre Form verlieren, werden sie zum Trocknen in einem leichten Handtuch wie in einer Hängematte aufgehängt. Man kann auch nur die Oberfläche z. B. des Gesichtes mit einem Schwamm und etwas Seifenschaum leicht abreiben und reinigen.

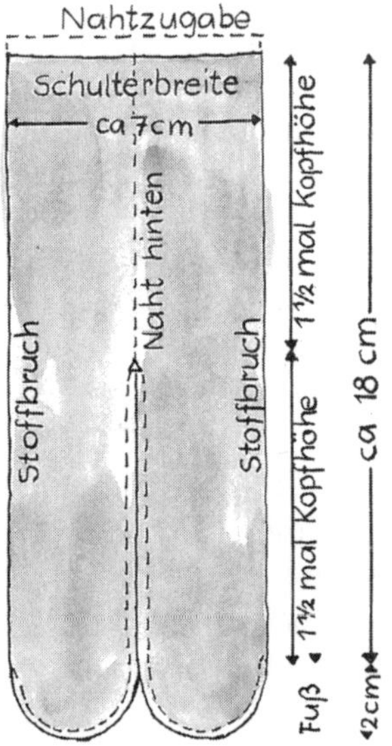

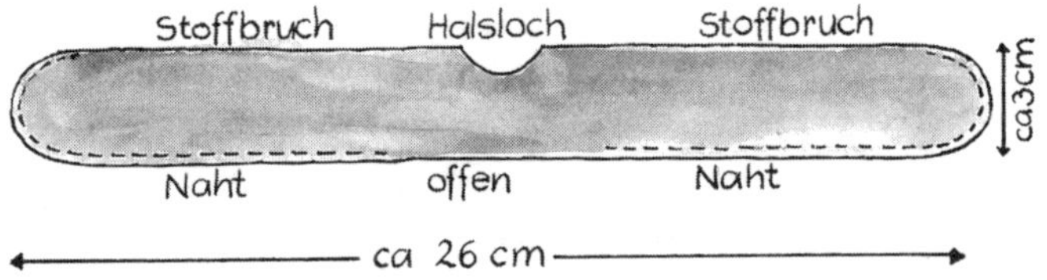

Schlamperle

Material: weißer Trikot,
rosa Trikot,
Wollstoff, Jersey oder ein anderer weicher, einfarbiger Stoff.

Der Kopf (Höhe 7 cm) wird genau so wie für die Gliederpuppe gearbeitet (S. 60). Der Körper wird verhältnismäßig weit geschnitten und nur locker ausgestopft.
Arme und Körper zuschneiden nach Schnitt (siehe Seite 66). Zuerst die rückwärtige Naht und dann die Beinnähte schließen.
Die Beine wie zum Bügeln einer Hosenfalte zusammenfalten und die Fußnaht in leichtem Bogen von vorne nach hinten nähen.
Die Ärmelnähte schließen. Ein kleines Halsloch in den Stoffbruch der Ärmel schneiden, den Halswulst und die Zipfel hindurchstekken.
Den Halsausschnitt einschlagen und am Halsfaden des Kopfes gut annähen.
Aus den Zipfeln des weißen Trikots und einer Handvoll Wolle einen einigermaßen festen Balg von ca. 1 ½ Kopfhöhen oder 10,5 cm arbeiten.
Damit der Kopf später gut festsitzt, werden die Enden des rosa Trikots fest heruntergezogen und an dem Balg angenäht.
Die Beine leicht ausstopfen und am oberen Rand des Körpers einen Kräuselfaden durchziehen.

Den Balg mit etwas Wolle umgeben und in den Körper stecken.
Den Kräuselfaden anziehen und den Körper an dem Balg annähen.
Das Oberteil mit den Ärmeln herunterziehen und über dem Kräuselfaden des Körpers annähen.
Die Arme leicht von außen stopfen und dabei etwas Wolle vorne und hinten über den Balg schieben. An den Ärmelrändern einen Kräuselfaden durchziehen.
Die Hände nähen, stopfen und zunähen und danach an die Ärmel nähen. Die Füße durch einen Kräuselfaden um das «Fußgelenk» andeuten.

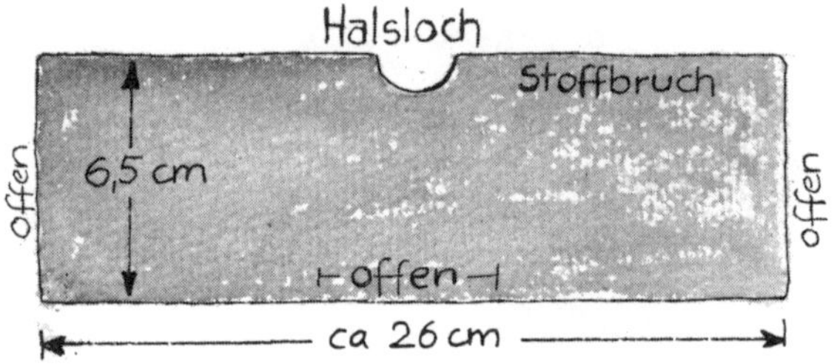

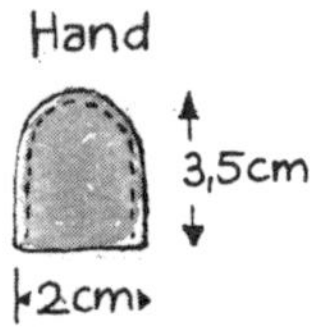

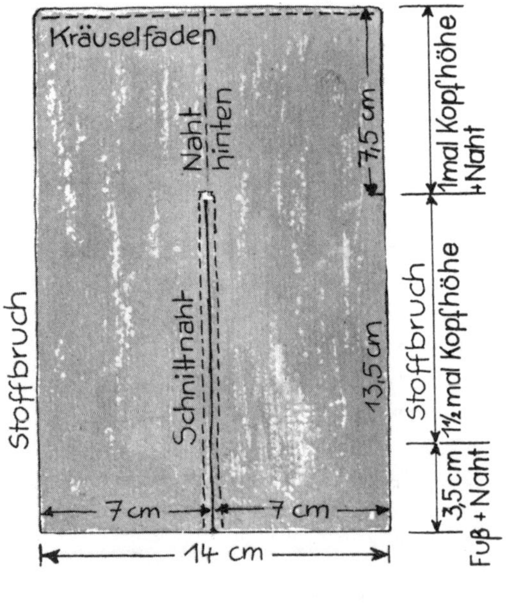

Puppen-Wickeltücher

Eine Vielfalt an Bekleidungsarten vom Wikkelkind bis zur Großmutter ist durch einfache Tücher möglich. Sie sollten möglichst einfarbig und eher zart getönt sein. Zum Befestigen der Tücher am Kopf können nach dem Maß des Puppenkopfes Kronenbänder (S. 33) gehäkelt werden.

Material: Batist,
Seide,
dünner Wollstoff,
dünnes Leinen,
Flanell (Biberbettuch).

Maße: 30 bis 50 cm Kantenlänge (quadratisch)
Die Tücher säumen oder gegebenenfalls auch umhäkeln.

Steckbettchen für die Puppen

Die oft mit vielen Tüchern umwickelten Puppenkinder finden in einem Steckbettchen eine feste Hülle, in der sie gerne herumgetragen werden. So ein Bündel schmiegt sich besonders gut den Kinderarmen an. Es kann auch in einen Korb oder in die Hängematte (S. 71) gelegt werden oder beim Zuhören einer Geschichte auf dem Schoß sitzen. Anfangs wird ein Erwachsener oder ein größeres Kind oft um das Binden der Schleife gebeten. Zwischen dem 5. und 6. Lebensjahr – bei gesunder Entwicklung – erwacht das Interesse für den Schleifenvorgang, der dann meist sehr rasch nachahmend übernommen wird.

Material: Nessel, Popeline, Batist oder dünnes Leinen, Schafwolle, möglichst Krempelflor.

Maße: Steckbettchen-Fertiggröße 60 × 22 cm,
Bezug: Zuschnitt 1,32 m × 24 cm,
Bindebänder fertig: 60 cm lang, 1 bis 1,5 cm breit.

Aus dem Nessel oder Popeline das Steckbettchen nähen, mit Wolle füllen und die letzte Naht schließen. Damit im Laufe der Zeit die Wolle nicht so leicht verrutscht, kann sie mit ein paar Stichen (siehe Zeichnung Seite 68) befestigt werden.

An dem Bezug zuerst die beiden Enden (Knopflochleisten) säumen. Mit der linken Seite nach außen den Bezug so falten, daß die Knopflochleisten übereinander liegen.
Die Seitennähte stecken und die beiden oberen Ecken leicht rund abschneiden.
Die Bindebänder nähen und von innen in die Naht stecken.
Die Seitennähte schließen und mit Zickzackstichen versäubern.
Wenden und Naht ausbügeln.
Knöpfe und Knopflöcher anbringen.

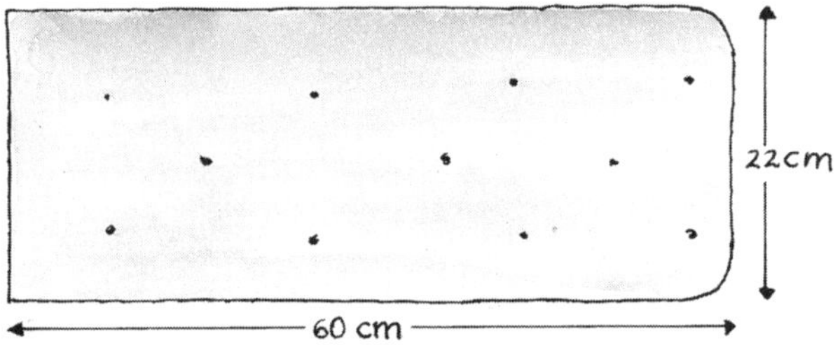

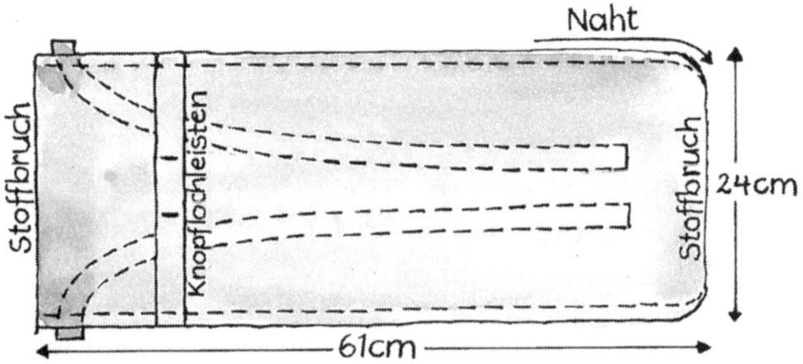

Bezug

Puppenkleider

Schon fünf- bis sechsjährige Kinder fangen an, sich die Kleider für ihre Puppen selbst zu nähen. Die Anregung dazu kommt meist von einem nähenden Erwachsenen oder größeren Geschwisterkind. Besonders schön ist es, wenn eine Mutter ein Puppenkleid näht, vielleicht sogar noch bestickt, d.h. längere Zeit damit beschäftigt ist und gleichzeitig Zeit für ihr Kind hat. Nebenbei kann sie das Kleid zuschneiden, welches das Kind nähen will, und ihm mit kleinen Vorstichen die erste Naht be-

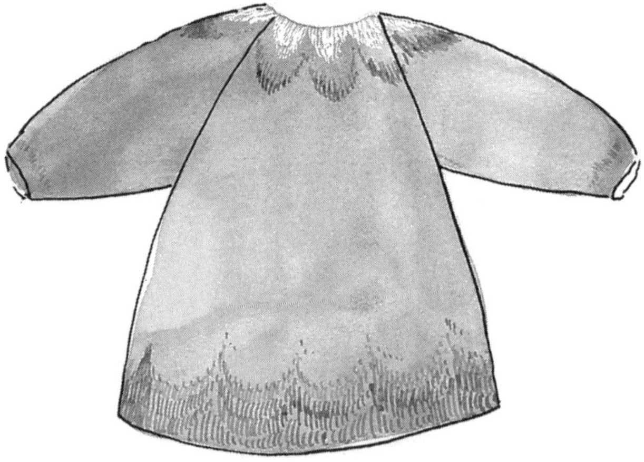

ginnen. Mehr und mehr wird das Kind der Mutter auf die Finger schauen, wie sie den Fingerhut benutzt, den Faden vernäht, die Nadel einfädelt, Knöpfe annäht, und es wird den Willen haben, es ihr gleichzutun.
Der Schnitt für ein Puppenkleid kann sehr einfach gehalten sein. Als Material eignet sich gut ein dünner einfarbiger Wollstoff und andere weichfallende unifarbene Baumwollstoffe wie z. B. Flanell und Batist.

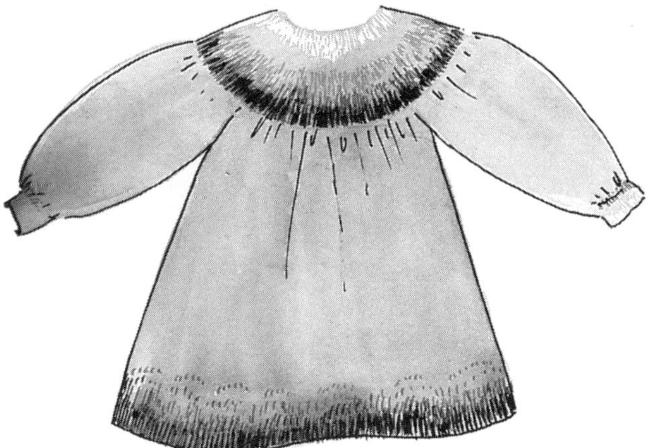

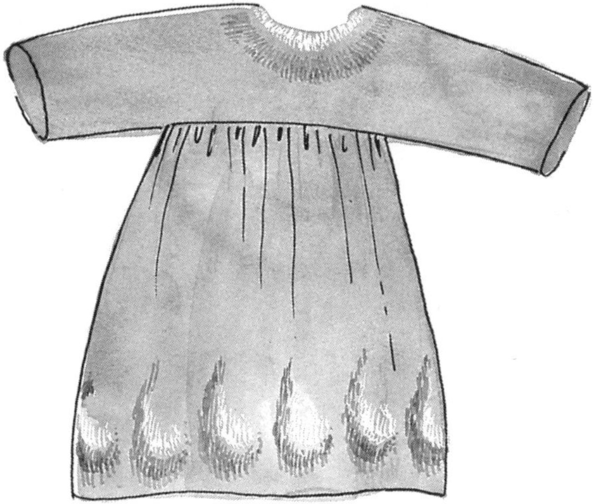

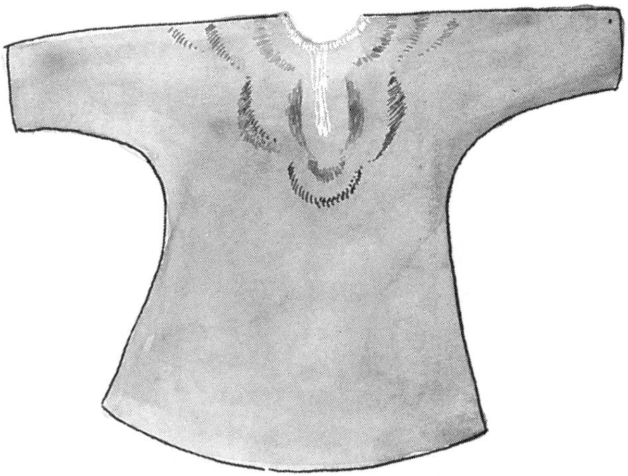

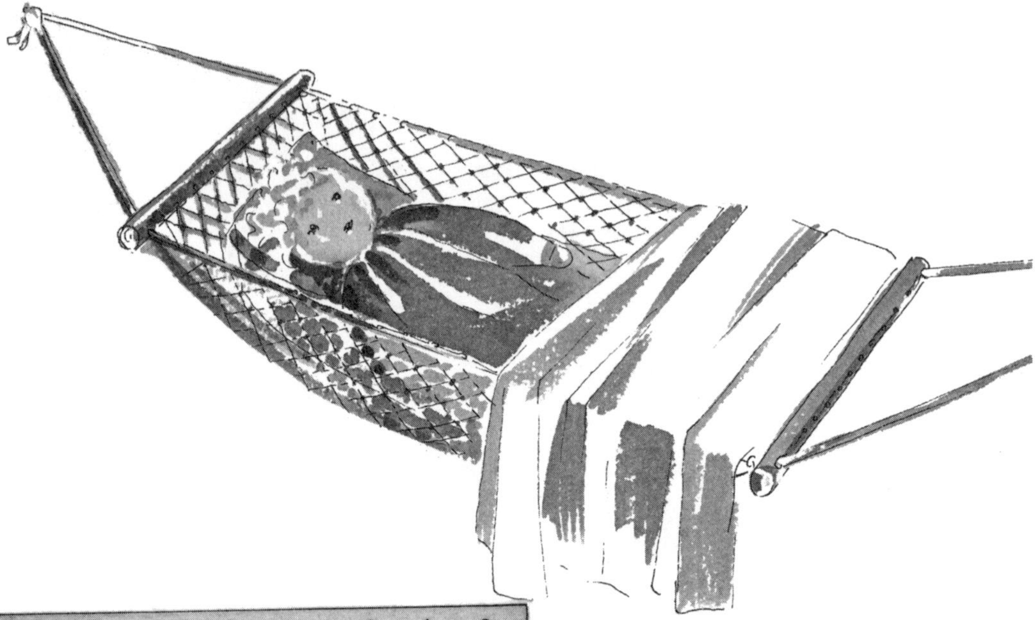

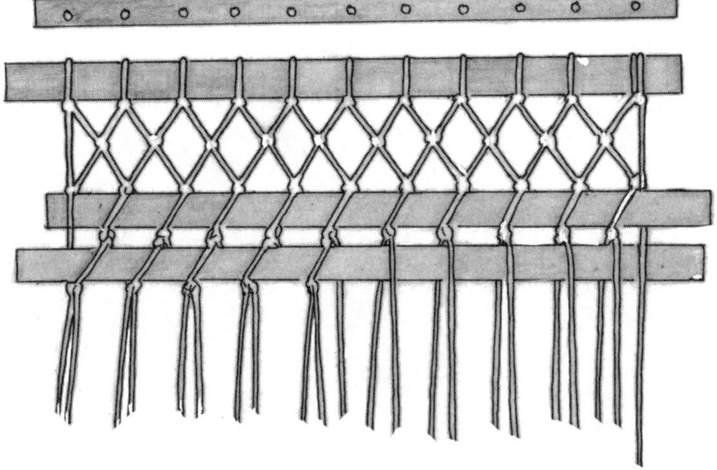

Hängematte für die Puppen

Material: dünnen Bindfaden,
3 Sperrholzbrettchen 20 cm lang,
2 cm breit,
2 Rundhölzer ca. 40 cm lang,
ca. 3,50 m dicke Schnur.

Eines der beiden Sperrholzbrettchen an einem Bindfaden aufhängen.
40 Fäden zu je 1,25 m Länge zuschneiden.
Je 2 Fäden zusammenknoten und rittlings über das Brettchen hängen. (Über dem Knoten etwa 10 cm Faden stehen lassen, zum späteren Befestigen der Rundhölzer.) Unter dem Brettchen vom 1. Knoten den vorderen und vom 2. Knoten den hinteren Faden mit einem Doppelknoten zusammenknoten. Dann vom 2. Knoten den vorderen und vom 3. Knoten den hinteren Faden zusammenknoten usw. Am Anfang und Ende bleibt jeweils 1 Faden übrig, der erst in der nächsten Reihe verknotet wird. Wenn alle Fäden der 1. Reihe verknotet sind, wird unter dem 2. Brettchen in der gleichen Weise geknotet.
Wenn 2 Reihen fertig sind, kann entweder das obere Brettchen herausgenommen und durch die Maschen eine kräftige Schnur gezogen werden, an der nun die Knüpfarbeit aufgehängt wird; oder es wird unter einem dritten Brettchen geknotet. Dann wird jeweils das mittlere Brettchen herausgezogen und für die neue Knotenreihe verwendet.
In dieser Weise 25 Reihen knoten. Am Ende wieder etwa 10 cm Faden übrig lassen.
In die Rundhölzer in gleichen Abständen je 12 Löcher bohren. Die Löcher an den Enden müssen mindestens einen Durchmesser von 0,8 cm haben. Je 4 Fäden durch ein Loch ziehen und oben mit einem dicken Knoten versehen. (Am Ende sind es einmal 3 und einmal 5 Fäden in einem Loch.)
Durch die beiden äußeren Löcher die dicke Schnur ziehen, die zum Aufhängen der Hängematte dient. Die Schnur läuft auch durch die seitlichen Randmaschen und wird hier etwas kürzer als das Netz angezogen, damit die Hängematte schön durchhängt und die Puppenkinder nicht herausfallen.

Man kann auch aus einer sehr feinen weichen Schnur die Hängematte wie ein Ballnetz häkeln.
Eine weitere sehr schöne Knotentechnik ist das Filieren.

Der Kaufladen

Im Zeitalter der Supermärkte kann eine sehr einfach eingerichtete Kaufmannsecke von großer Bedeutung sein. Vereinzelt erleben die Kinder auch heute noch Läden, in denen vielleicht gewartet werden muß, in denen man nach seinem Wunsch gefragt wird, wo jemand Dinge zur Auswahl herbeiholt, wo ein Bitte- und Dankeschön hier und an der Kasse zu hören ist. Mit einem «Kaufmannsladen» können wir den Kindern ermöglichen, solche Umgangsformen nachzuahmen.
Ein Ständer (S. 26), der vielleicht ein Dach erhält aus einem Tuch (S. 31), das an dem Querbalken des Ständers und an einer Leiste an der Wand befestigt werden kann, ein Hocker oder Stuhl und ein Regal oder zweiter Ständer können den Laden bilden. Eine Fülle schön geputzter Obstkerne von z. B. Pfirsichen, Pflaumen oder Aprikosen, dazu Eicheln und Kastanien säuberlich in Körben sortiert, sind die Waren. Holzschaufeln und -löffel und weitere kleine Körbe und Holzschüsseln werden zum Abfüllen gebraucht.
Allein der Grundgeste des Gebens und Nehmens, des Bittens und Dankens wird hier entsprochen. Auch haben wir einen Spielbereich geschaffen, der mit den Kindern «mitwächst» und in den verschiedenen Entwicklungsstufen (siehe auch «Spielstufen» S. 13) bis zum 7. Lebensjahr und darüber hinaus genügend Anregungen vermittelt. Bereitet den Kindern bis etwa zum dritten, vierten Lebensjahr das Schaufeln und Umfüllen die größte Freude, so ist es den Vier- und Fünfjährigen wichtig, daß «Äpfel», «Kartoffeln», «Eier» u. v. m. in Fülle zu haben sind. Bei den größten Kindern gewinnt darüber hinaus die Verwandlung der gleichen Dinge in Mark und Pfennig und das gelegentliche Erbauen einer «echten» Kasse oder Waage an zunehmender Bedeutung. Auch wird von ihnen gerne der ganze «Laden» samt Inhalt in einen Hochseedampfer, einen Reisebus u. a. verwandelt.
Faszinierende Dinge wie echtes Spielgeld, Registrierkasse, Waage und echte Süßigkeiten dagegen inspirieren das Spiel der Kinder nicht in dem gleichen Maße.

Geschnitzte Schaufeln, Löffel, Schüsselchen für Puppen- und Kaufmannsecke*

Löffel und Schaufel

Wer ein wenig Erfahrung im Umgang mit Holz hat, wird am Schnitzen dieser Dinge Freude haben. Jedes Stück wird wieder ganz anders, und so erhalten die Kinder einen lebendigen Eindruck im Umgang damit.

Material: Holz: Besonders geeignet ist Birke, Ahorn, ferner Abfallstücke vom Schreiner erbitten (nicht Harthölzer nehmen).

* siehe auch Clausen/Riedel, «Plastisches Gestalten in Holz», Bd. III

Werkzeug: wenn möglich Hobelbank oder kleiner Schraubstock, Handschnitzmesser, Hohleisen, Säge, Feile, Sandpapier,

Mit einem Bleistift die Form des Löffels oder der Schaufel – von oben gesehen – auf das Holz zeichnen. Die Holzmaserung läuft parallel zum Stiel.
Das Holz außerhalb der Umrißlinie wegschnitzen, aber so, daß eine gerade, keine gewölbte Fläche ringsum entsteht.

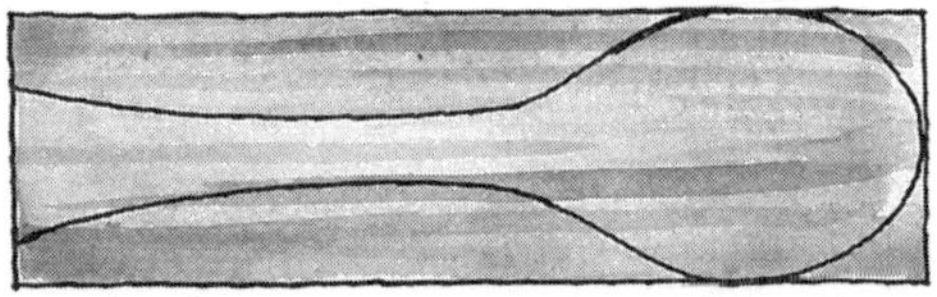

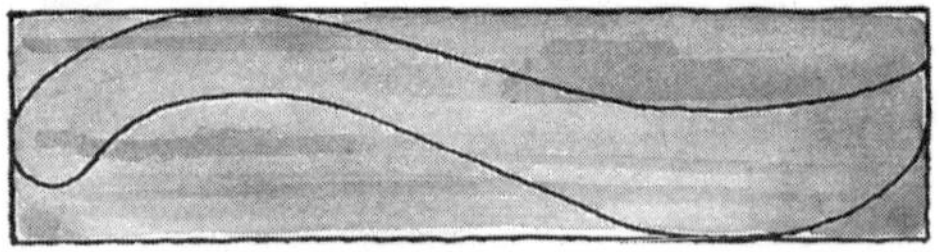

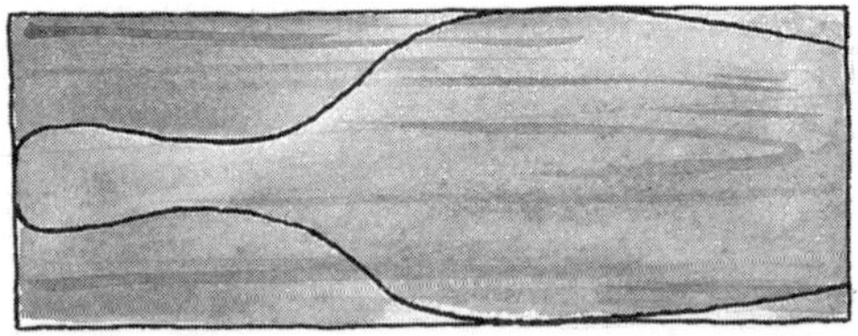

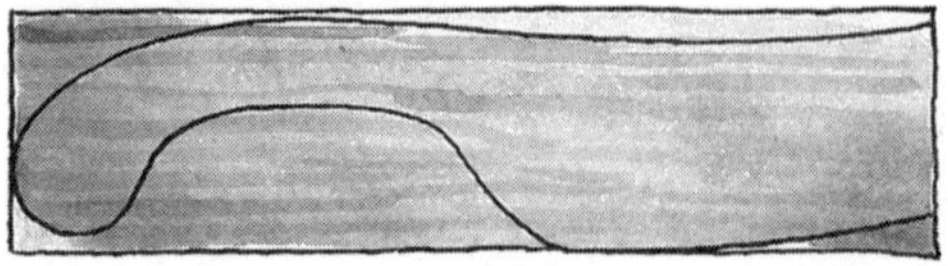

Auf die Seitenfläche die geschwungene Form zeichnen und wieder das Holz außerhalb der Umrißlinie als gerade Fläche wegschnitzen.
Erst danach die Kanten so abrunden, so daß beim Anfassen ein angenehmes Gefühl entsteht.
Die auszuhöhlende Fläche aufzeichnen – siehe punktierte Linie – Rand stehen lassen!
In Pfeilrichtung mit dem Hohleisen vorsichtig ausschnitzen.
Die Arbeit muß stets von allen Seiten immer wieder betrachtet und betastet werden, bis die Form wirklich gelungen erscheint.
Zum Schluß mit Sandpapier glatt schleifen, mit Bienenwachsbalsam einreiben und polieren.

Schüsselchen

Die gewünschte Form auf das Holz aufzeichnen und im Verlauf der Maserung die Vertiefung mit dem Hohleisen ausschnitzen. Rand stehen lassen!
Danach das Holz außerhalb des Randes abschnitzen mit dem Handschnitzmesser.
Auf der Bodenfläche die Größe der Standfläche aufzeichnen und bis dahin ringsum die Wölbung schnitzen.
Zum Schluß den Rand mit dem Handschnitzmesser beschnitzen, z. B. die äußere Kante abschnitzen, so daß die Randfläche leicht schräg nach außen geneigt ist.
Mit Sandpapier schmirgeln, mit Bienenwachsbalsam einreiben und polieren.

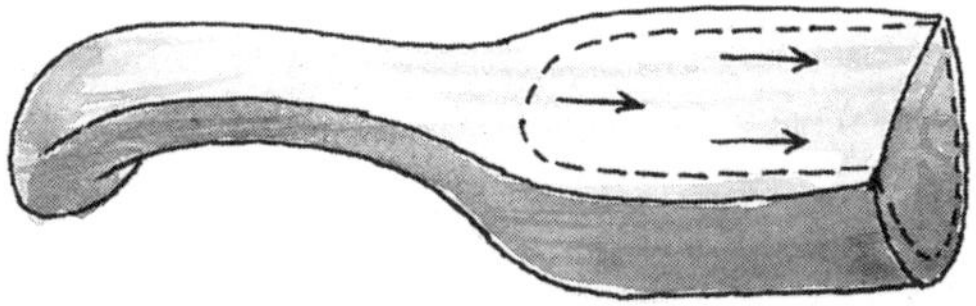

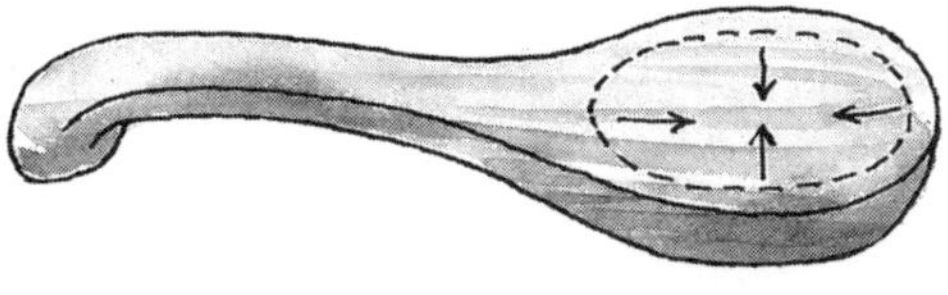

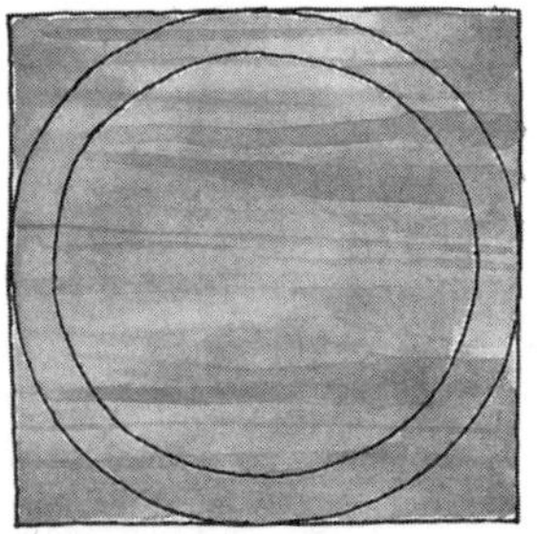

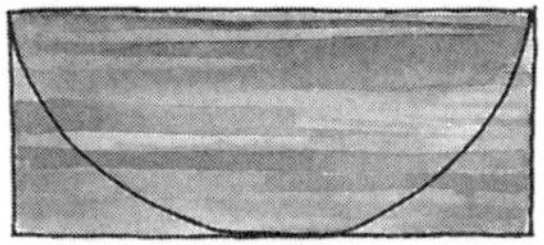

Puppenstube

Im Alter von sechs bis neun Jahren wird das Spiel mit einer Puppenstube besonders beliebt. Die Ausdauer der Kinder ist nun so groß, daß sie eine lange Zeit damit verweilen und alles um sich her dabei vergessen können. Spielen heißt jetzt: Umbauen, Neueinrichten, weitere Räume, einen Garten, Stall, eine Wiese anbauen, neue Puppen oder Puppenkleider machen, Teppiche nähen oder stricken, Kissen und Decken für die Betten nähen, kleine Regale aus Rundhölzern und Brettchen bauen und mit Geschirr (z. B. aus Eichelhütchen und Muscheln) einrichten. Am liebsten sitzen die Kinder mit all diesem Tun vor einem großen Tisch oder hocken am Boden, wo sie sich nach allen Seiten ausbreiten können.
Es ist wichtig, daß man den Kindern die Entdeckerfreude läßt und ihnen nur das Material dazu liefert. Auf die für den Erwachsenen berechtigte Freude an allen pefekten Miniaturdingen sollte bewußt verzichtet werden.

Material: 1 Tischlerplatte ca. 40 × 50 cm,
Peddigrohr oder Weidenruten,
Durchmesser ca. 8 mm,
leichter Stoff, z. B. Batist
80 × 100 cm

Die scharfen Ecken an der Platte absägen, so daß sie eine gefälligere Form erhält.
An der Querseite in der Stärke des Peddigrohres je 3 Löcher bohren.
Die Platte gut schmirgeln und einwachsen.
Die Bögen zuschneiden (ca. 95 cm, 90 cm, 85 cm) und in die Löcher stecken. Der längste Bogen kommt nach vorne.
Den Stoff gut bügeln und an dem vorderen Bogen mit wenigen Stichen befestigen. An der gegenüberliegenden Seite den Stoff mit einem Kräuselfaden zusammenziehen.
Der Stoff kann auch nur übergehängt und nach Bedarf von den Kindern mit Kordeln, Wäscheklammern oder Knoten befestigt werden.
Zur Ergänzung:
Bauhölzer (S. 39), besonders Asthölzer und lange dünne Äste oder der Länge nach halbierte Äste; kleine Bautücher (S. 39); Kordeln (S. 34).

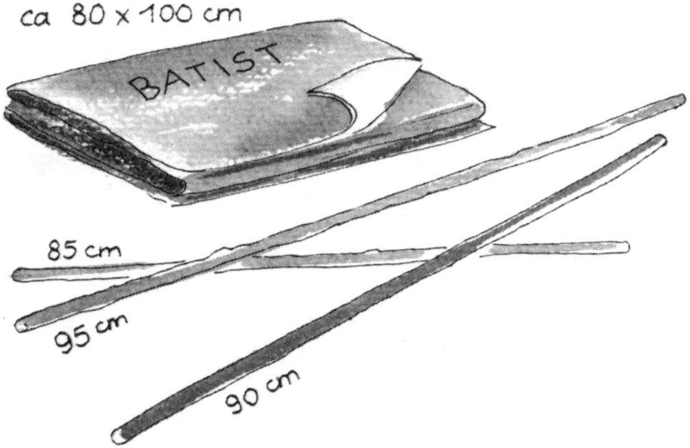
ca 80 x 100 cm
BATIST
85 cm
95 cm
90 cm

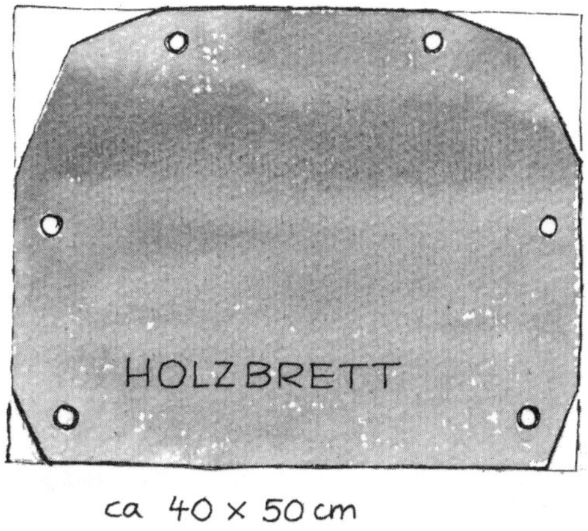
HOLZBRETT
ca 40 x 50 cm

Geschnitzte Möbel für die Puppenstube

Material: Asthölzer (Birke, Ahorn, Kastanie u. a.),
Säge,
Handschnitz- oder Taschenmesser,
Hohleisen,
Bienenwachsbalsam zum Einwachsen der beschnitzten Flächen.

Sessel

Ein etwa 16 bis 18 cm langes Astholz (∅ ca. 7 bis 8 cm) schräg durchsägen, so daß Holz für zwei Sessel entsteht. Mit einem Hohleisen die Sitzfläche ausschnitzen; die Kanten mit dem Handschnitzmesser abrunden.

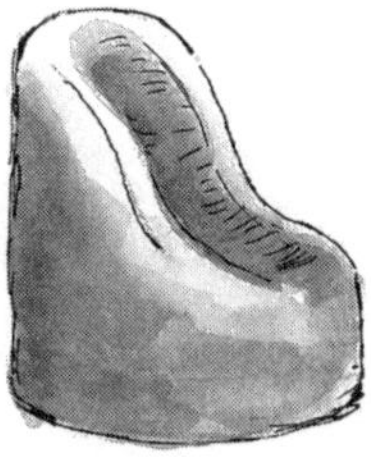

Tisch

Ein ca. 7 cm langes Astholz (∅ ca. 7 bis 9 cm) absägen. In Pfeilrichtung den Fußsockel herausschnitzen. Tischfläche schmirgeln. Man kann ebenso gut eine Holzscheibe auf ein dünneres Rundholz legen.

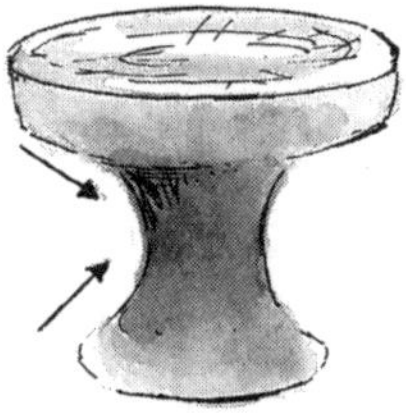

Betten

Etwa 12 cm lange Rundhölzer (∅ ca. 8 cm) der Länge nach durchsägen oder mit dem Beil spalten. Mit dem Hohleisen ein wenig aushöhlen, die Kanten mit dem Handmesser beschnitzen. Die Standfläche kann ein wenig abgeflacht werden.
Diese Hölzer werden gern auch als Schiffe oder, auf zwei Rundhölzer gestellt, als Dach verwendet.

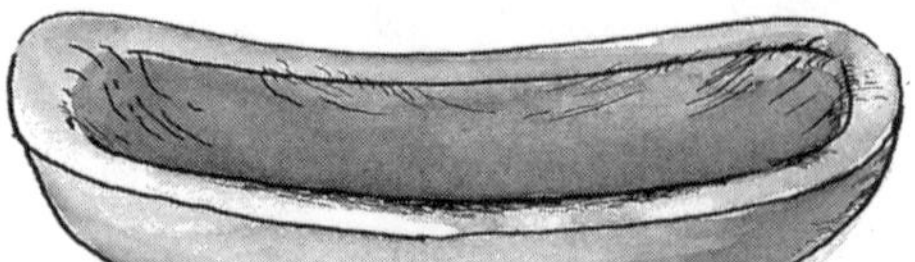

Puppen für die Puppenstube

Die kleinen Puppen können ganz einfach aus einem dünnen Tüchlein geknotet und mit einem einfachen Kittelchen bekleidet werden (siehe Knotenpuppe S. 56 und für weitere Anregungen «Puppenspiel», siehe Literaturhinweis S. 98).
Man kann auch Stehpuppen (S. 47) nehmen und ihnen Arme machen:
Der Größe entsprechend aus einem leichten Stoff die Ärmel nähen (siehe Zeichnung). Die Trikotenden des Kopfes durch das Halsloch ziehen. Das Halsloch am Halsfaden ringsum annähen.
Den Filz an beiden Seiten etwas einschneiden, die Ärmel in diese Einschnitte legen und den Filzrock am Kopf annähen. Die Ärmel mit sehr wenig Schafwolle füllen, unten kräuseln und die Hände annähen. Männliche Figuren können durch einen Hut und entsprechenden Umhang charakterisiert werden.

Schulkinder stricken sich auch gerne kleine Puppen. Für die Proportion, das Ab- und Aufnehmen sowie das Zusammennähen werden sie anfangs Hilfe brauchen (siehe Strickpuppe S. 80). Kinder, die lieber nähen, machen sich kleine Puppen in der Art der Zipfel- oder Stehpuppen. Oder sie formen die Puppen aus Biegeplüsch und umwickeln diesen mit ungesponnener Schafwolle.

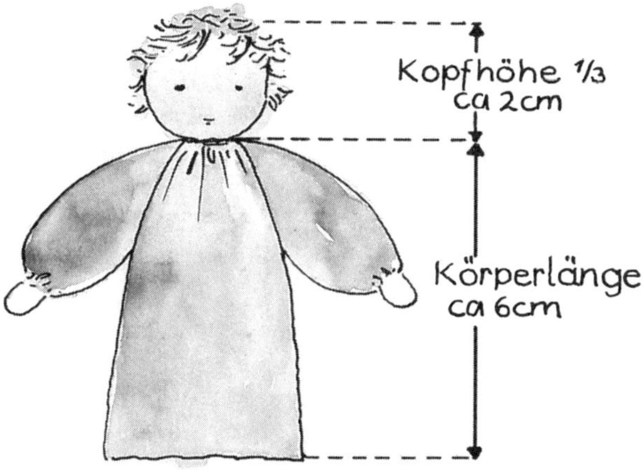

Strickpuppe

Material: 2 Stricknadeln.
25 g farbige Wolle,
Trikot für den Kopf,
Wolle für Haare,
Schafwolle zum Stopfen.

Strickart: Hin und zurück rechts = Rippen
Anschlag: 40 M, 7 Rippen stricken, dann in der Mitte der Nadel 2 M zusammenstricken, 1 Umschlag, so daß ein kleines Loch für den Hals entsteht. Weitere 7 Rippen stricken. 13 M abketten (von beiden Seiten) und dafür 7 M wieder aufnehmen. 8 Rippen stricken, dann die Maschen teilen und mit jeweils 14 M 17 Rippen stricken, dann abketten.
Zusammennähen: Siehe Skizze. Mit Schafwolle stopfen. Kopf und Hände in entsprechender Größe wie bei der Gliederpuppe anfertigen und annähen.

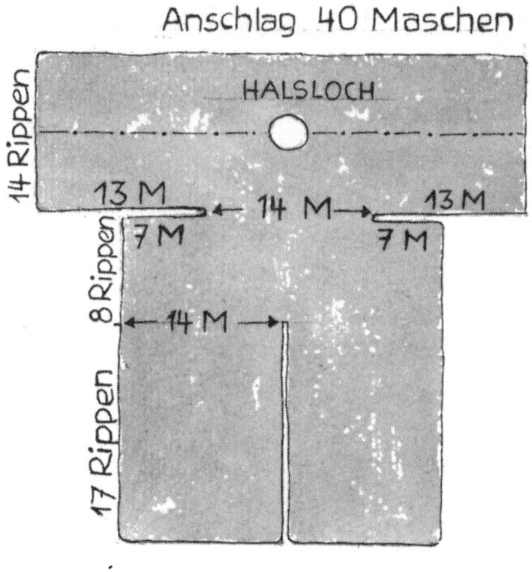

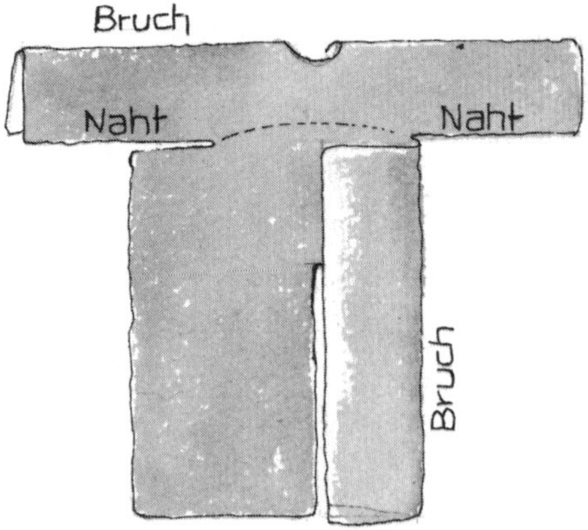

Einfache Marionetten*

Fünf- bis sechsjährige Kinder, die von größeren Geschwistern oder Erwachsenen durchgeführte gute Marionettenspiele sehen können, haben oft den Impuls, solche Spiele nachzuahmen. In Ermangelung einfacher Marionetten nehmen sie oft ihre Knotenpuppen, denen sie ein Band um den Hals binden, an welchem sie die Puppen dann zu ihren Erzählungen führen. Es werden im folgenden einfache, strapazierfähige Marionetten beschrieben, die für den täglichen – nicht festtäglichen – Gebrauch geeignet sind.

Material: leichte, einfarbige Stoffreste,
Woll- oder Garnfäden,
ungesponnene Schafwolle: weiße zum Füllen der Köpfe, gelbe, braune oder graue für Haare.
Durch die Farbe und Art des Gewandes (z. B. Schleier, Stola, Mantel) werden die einzelnen Figuren charakterisiert. Es eignet sich besonders z. B. für König = goldgelbes Gewand mit Purpurmantel, goldene Krone.
Königin = zartblau oder rosa Gewand mit blauem Mantel, goldene Krone.
Königssohn = goldgelbes Gewand mit goldgelber oder roter Stola, Krone.
Königstochter = rosa Gewand mit zartrosa oder weißem Schleier.
Alter Mann = blauviolettes Gewand.
Alte Frau = rotviolettes Gewand mit Schleier.

* siehe ausführliche Beschreibung und Spielanweisungen in «Puppenspiel» (Literaturhinweis S. 98)

Bei zartfarbigen Stoffen kann die ganze Figur aus einem Stoffstück gearbeitet werden. Mantel, Stola oder Schleier kommen in kräftigeren oder anderen Farbtönen hinzu. Die Größenangaben können selbstverständlich nach Bedarf variiert werden.
Die gutgezupfte Schafwolle zu einer festen Säule (Länge = ca. 12,5 cm) wickeln und in Kopfhöhe (= 5 cm) abbinden (siehe S. 82).
Mit einem quadratischen Stück Stoff (ca. 40 cm Kantenlänge) den rundgeformten Kopf überziehen und den Hals abbinden. Zwei gegenüberliegende, vom Kopf herabhängende Stoffzipfel für die Arme bis auf 11 cm einschlagen und am Handgelenk abbinden. Die beiden anderen Zipfel für das Gewand ca. 17 cm unterhalb des Halsfadens abrunden.
Die herabhängende Schafwollsäule leicht umwickeln. Sie ermöglicht, daß die Figur angelehnt sitzen kann, ohne in sich zusammenzusacken. Soll die Figur stehen können, dann

muß die Schafwollsäule unterhalb des Halsfadens 15 cm lang sein (siehe Zeichnung S. 82). Die Haare aus farbiger Schafwolle locker aufnähen. Mit Stola, Umhang oder Schleier die Figur bekleiden, u. U. auch mit Krone oder Kopftuch.

Der Kopf kann auch mit einem zartrosafarbenem Stoff überzogen und das Kleid aus einem anderen Stoff genäht werden, so z. B. nach nebenstehendem Schnitt Ärmel und Kleid zuschneiden und nähen.

Die Ärmel am Halsloch bzw. Halsfaden befestigen.

Ärmel unten einkräuseln und die oval geformten, mit Gesichtsstoff überzogenen Hände einnähen.

Am Kleid die hintere Naht und die Schulternähte schließen. An den Seiten für die Ärmel 4 cm einschneiden. Halsloch einkräuseln und am Halsfaden befestigen. Bei manchen Stoffen ist es angebracht, daß man ca. 4 cm unterhalb des Halses einen leicht angezogenen Kräuselfaden durch das Gewand zieht.

Haare und Führungsfaden annähen.

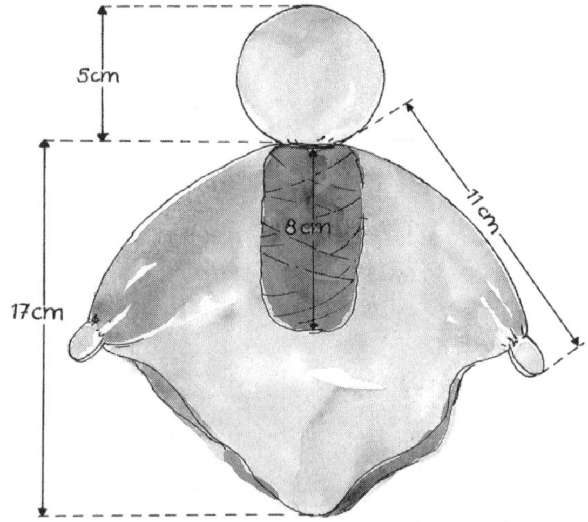

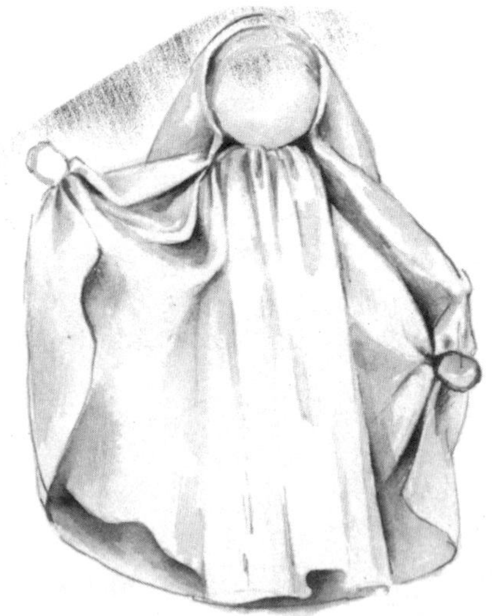

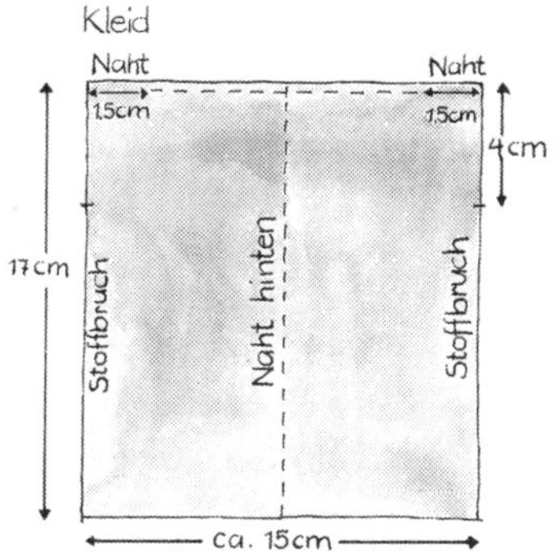
Kleid
Naht
Naht
1.5cm
1.5cm
4cm
17cm
Stoffbruch
Naht hinten
Stoffbruch
ca. 15cm

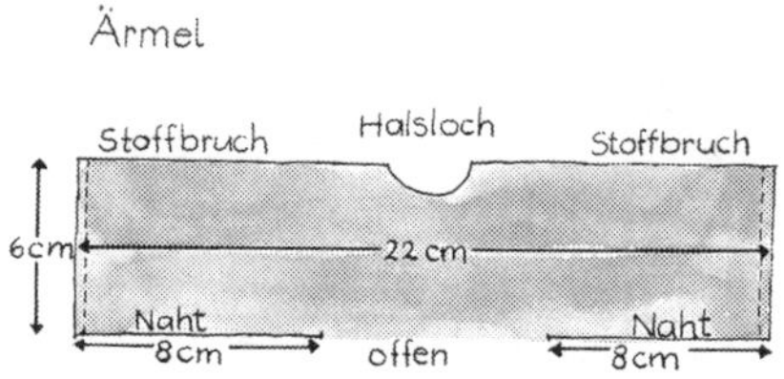
Ärmel
Stoffbruch
Halsloch
Stoffbruch
6cm
22 cm
Naht
8cm
offen
Naht
8cm

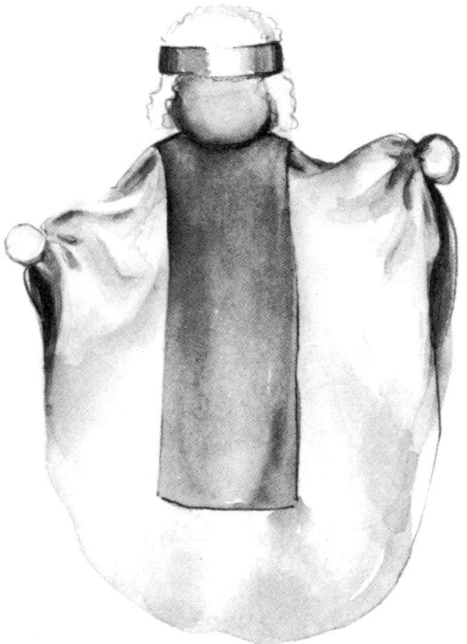

Für den Führungsfaden einen einfachen Woll- oder Stickgarnfaden in der Farbe des Gewandes zu einer Kordel drehen. Seitlich am Kopf etwa an der Stelle der Ohren die Enden der Kordel möglichst unsichtbar annähen, so daß eine Fadenschlinge von ca. 25 cm oberhalb des Kopfes entsteht.

Die Bühne

Auf dem Fußboden, einer breiten Bank oder einem niederen Tisch mit Bauhölzern, die eventuell mit farbigen Tüchern umgeben werden, eine Landschaft aufbauen. Während des Erzählens einer Geschichte von den Kindern selbst oder einem Erwachsenen werden die Figuren ruhig, d. h. ohne zu hüpfen durch die Szene geführt. (Ausführliche Anleitungen siehe «Puppenspiel».)

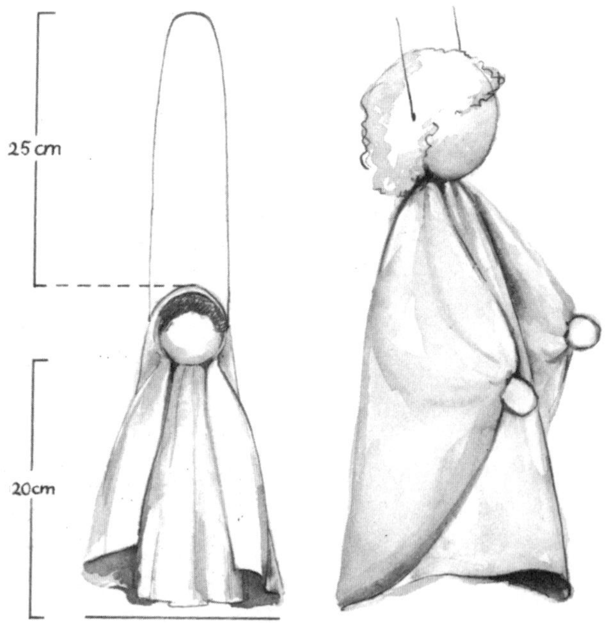

Gestrickte Tiere

Solche gestrickten Tiere, wie sie hier beispielhaft aufgeführt werden, sind für Kinder besonders nach dem 5. Lebensjahr geeignet. Erst dann, wenn die Vorstellungskräfte mehr und mehr im Kind erwachen, weiß es sinnvoll mit solchen Tieren im Spiel umzugehen. Es baut Ställe, führt sie auf die Weide, sorgt für «Futter» und «Wasser». Es ist gut, wenn die Spielzeugtiere klein genug gehalten werden und so ihrer Art gemäß im Spiel eine Funktion erhalten können. Wenn die Kinder noch nicht Gelegenheit hatten, das Leben der Tiere z. B. auf einem Ferienbauernhof kennenzulernen, werden sie wenig Impulse haben, mit den Tieren zu spielen. Durch Tischpuppenspiele, durch Verse und Erzählungen können Anregungen gegeben werden. Es ist gut, wenn man darauf achtet, daß die Kinder nicht zu viele Tierspielzeuge haben. Am bedeutsamsten ist im Nachahmungsalter stets das Spiel mit den Puppen. (Siehe auch «Puppe und Tier im Kinderzimmer» in «Von der Würde des Kindes», Literaturhinweis S. 98.)

Schäfchen

Material: naturweiße Strickwolle, ungesponnene Schafwolle, zwei Stricknadeln.
Strickart: Rippen, d. h. Hin- und Rückreihe rechts stricken.

Nach nebenstehender Zeichnung den Körper des Schäfchens stricken. Die jeweils oberste Zahl ist für ein großes, die mittlere für ein mittelgroßes und die unterste für ein sehr kleines Schäfchen angegeben.
Die mit «O» bezeichnete Kante auf die Hälfte falten und zusammennähen.
Punkt x durch etwas zusammenziehende Stiche an Punkt a bringen und die dabei seitlich entstehenden Ohren etwas abnähen.

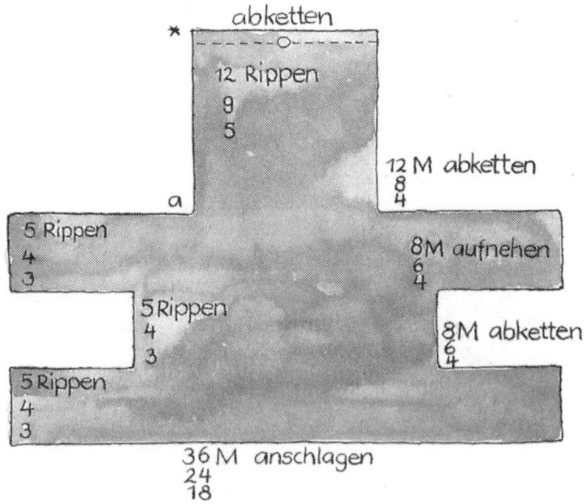

Beine und Bauch zusammennähen, das Hinterteil zum Stopfen offenlassen.
Für die Beine aus der Stopfwolle einen festen Strang drehen, der bis in den Bauch hineinreicht und verhindert, daß die Beine abknikken. (Dazu die Wolle ganz fest um eine Schere wickeln.)
Kopf und Bauch nicht so fest ausstopfen. Während die rechte Hand stopft, formt die linke Hand.
Stopfloch zunähen.
Ein Schwänzchen aus gehäkelten Luftmaschen oder einem gedrehten Kördelchen annähen.

Pferd

Material: ca. 20 g Strickwolle für den Körper,
ca. 2 m Strickwolle für Mähne und Schwanz,
ca. 20 g Schafwolle zum Ausstopfen,
zwei Stricknadeln.

Strickart: Rippen, d. h. Hin- und Rückreihe rechts stricken (1 Rippe = 2 Reihen).

Der Körper: Mit 40 M beginnen und 6 Rippen stricken. Auf beiden Seiten 11 M abketten. 7 Rippen stricken. Auf beiden Seiten 11 M aufnehmen.
In der Mitte der nächsten Reihe, nach der 20. M auf einmal 11 M aufnehmen. Dadurch entsteht ein Loch, dessen Sinn erst später erkennbar wird.

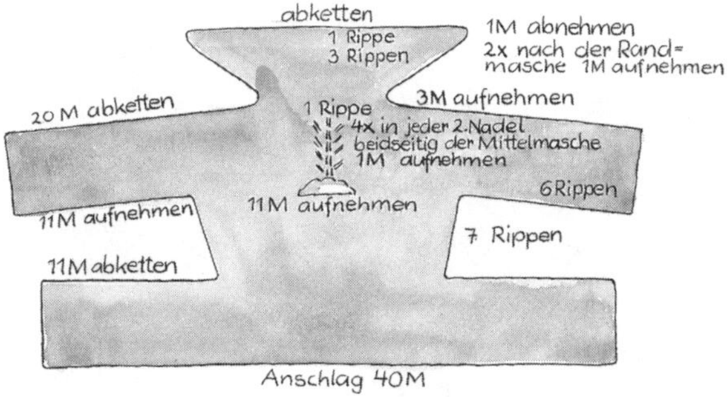

1 Reihe drüberstricken. Nun in jeder 2. Reihe 4 x jeweils vor und nach der Mittelmasche 1 M aufnehmen. Nach den 6 Rippen für die Vorderbeine auf jeder Seite 20 M abketten. Mit den verbleibenden 19 M 1 Rippe stricken.
Nun auf beiden Seiten je 3 M aufnehmen, danach auf jeder Seite 2 x 1 M (nach der Randmasche) aufnehmen. Nach den 3 Rippen für den Kopf in der nächsten Reihe auf jeder Seite 1 M abnehmen. Abketten.

Die Ohren: 5 M anschlagen, 5 Rippen stricken, bis zum Schluß in jeder Reihe die 2. und 3. M zusammenstricken.

Die Ohren können auch aus einer Wollschlinge direkt am Kopf gearbeitet werden. Man «webt» mit dem Wollfaden von unten nach oben durch die Schlinge und zieht sie oben etwas mehr zusammen, so daß das Ohr spitz wird.
Nach dem Abketten das Loch auf dem Rücken zunähen, dann Kopf, Beine und Bauch von außen zusammennähen. Das Hinterteil als Stopfloch zunächst offen lassen.
Den Kopf und Hals nicht zu hart ausstopfen. Für die Beine die Wolle fest um eine Schere wickeln. Erst wenn die Schere sich nicht mehr drehen läßt, zieht man sie heraus und stopft diesen harten Strang jeweils in ein Bein. Der Strang sollte bis weit in den Leib hineinreichen, damit die Beine im Laufe der Zeit nicht abknicken. Zuletzt den Bauch gut stopfen, weil das Kind da das Pferd stets anfaßt.

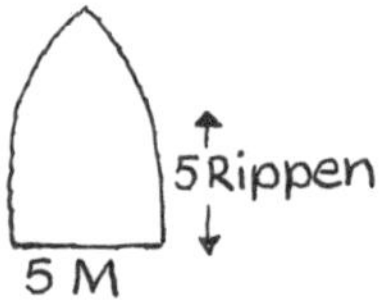

Das Stopfen erfordert ein wenig Feingefühl und geschicktes Formen vor allem der linken Hand. Man achte darauf, daß die Beine alle gleich lang werden und alle den Boden berühren.
Nach dem Stopfen das Hinterteil bis auf das Schwanzloch zunähen.
Die Ohren an der entsprechenden Stelle annähen, indem die untere Kante zusammengefaßt wird und eine Ohrmuschel entsteht.

Die Mähne: a) Den Hals hinauf bis vorne zur Stirn die Stiche ausführen: Einstechen, Ende stehen lassen, in den gleichen Stich nochmal einstechen, in Mähnenlänge abschneiden.
b) Die gleichen Stiche nur in der anderen Richtung ausführen, 2 bis 3 Reihen nebeneinander. So entsteht eine hochstehende Mähne.

Der Schwanz: Wolle um die Hand wickeln, die Schlinge annähen und unten aufschneiden.

Hühner

Material: Strickwolle,
weiß oder gelblich für den Körper,
rot für den Kamm,
ungesponnene Schafwolle zum Stopfen,
2 Stricknadeln.
Strickart: Rippen, d. h. Hin- und Rückreihe rechts stricken.

Mit z. B. 16 M ein Quadrat stricken und dann abketten. Diagonal zusammenfalten. Eine Seite zunähen, mit Schafwolle füllen und dann die zweite Seite zunähen. Durch einen zusammenziehenden Stich von der unteren Spitze etwa zur Mitte des Bruches und wieder zurück zur Spitze entsteht die typische Huhnform.
Mit Knopflochstichen und der roten Wolle den Kamm andeuten und am Hals ein paar Stiche ausführen.

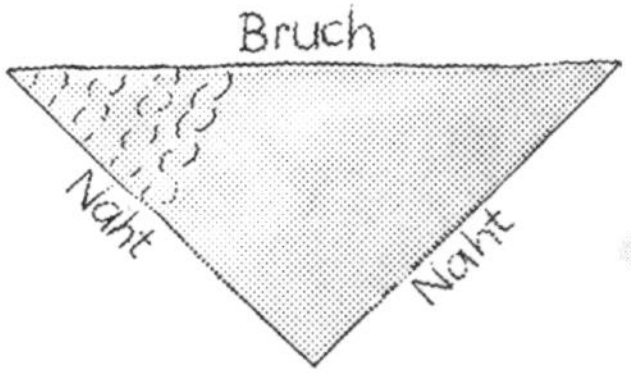

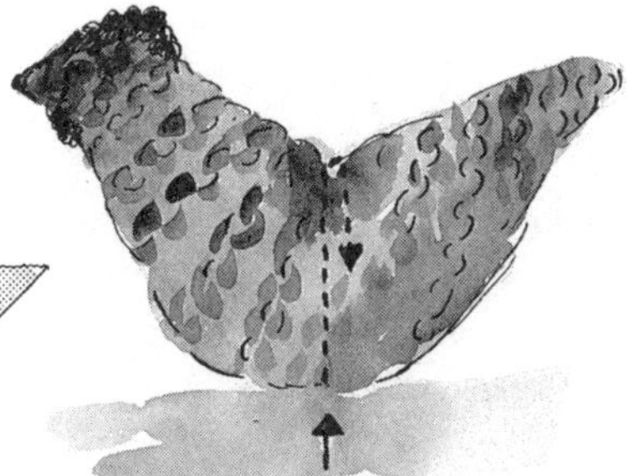

Schweinchen

Material: rosa Strickwolle,
ungesponnene Schafwolle,
2 Stricknadeln.

Strickart: Rippen, d.h. Hin- und Rückreihe rechts stricken.

Mit 36 M beginnen und 6 Rippen stricken.
Auf jeder Seite 5 M abnehmen und wieder 6 Rippen stricken.
Auf jeder Seite 5 M aufnehmen und wieder 6 Rippen stricken.
Auf jeder Seite 7 M abnehmen und nur 2 Rippen stricken.
In jeder der 6 folgenden Reihen (= 3 Rippen) links und rechts der beiden mittleren Maschen je 1 M durch Zusammenstricken abnehmen.
* 1 Reihe ohne Abnehmen stricken. In der nächsten Reihe wieder rechts und links der mittleren 2 M je 1 M abnehmen. *
Vorgang von * zu * wiederholen.
Die letzten 6 M abketten.

Ohren: Mit 5 M 9 Reihen (= 4 ½ Rippen) stricken.
In jeder folgenden Reihe bis zum Schluß die 2. und 3. M zusammenstricken.
Den Kopf, Bauch und die Beine zunähen. Am Hinterteil ein Loch zum Stopfen offenlassen.
Danach Kopf und Rumpf mit Wolle füllen und das Hinterteil zunähen.
Ein Ringelschwänzchen aus gedrehter Wolle kann angenäht werden.
Die Ohren an der entsprechenden Stelle annähen.

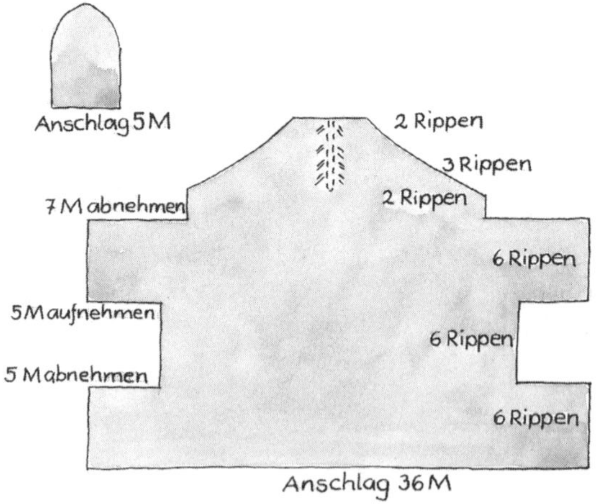

Katze

Material: Strickwolle (silbergrau, weiß oder beige),
2 Stricknadeln,
ungesponnene Schafwolle.

Strickart: Rippen, d.h. Hin- und Rückreihe rechts stricken.

Mit 16 Maschen ein Rechteck stricken, das nur wenig kürzer ist als ein Quadrat. Die Ecken wie Tüten zusammennähen, so daß die Beine entstehen.
Mit Schafwolle den ganzen Körper ausfüllen und die Bauchnaht schließen.

Kopf: Mit 7 Maschen etwa 10 Rippen stricken; es sollte so lang wie 2 Quadrate sein. Auf die Hälfte falten, mit Wolle füllen und zunähen. Die untere Naht gut einhalten, so daß der Kopf schön rund wird. Kleine Ohren abnähen. Kopf an den Rumpf nähen.

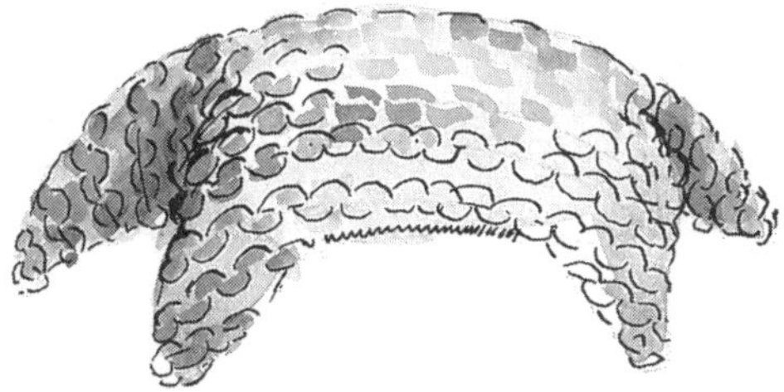

Schwanz: Mit 3 Maschen etwa 10 Rippen stricken. Der Länge nach zusammennähen und dann annähen.

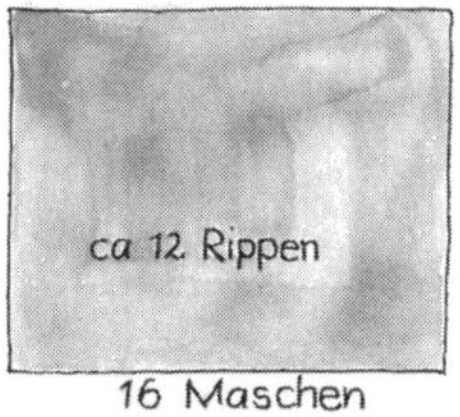

Esel

Material: Graue Strickwolle,
dunkelgraue Strickwolle für die Mähne,
2 Stricknadeln

Strickart: Rippen, d. h. Hin- und Rückreihe rechts stricken

Mit 40 M beginnen und 6 Rippen stricken. Auf beiden Seiten 11 M abketten.
7 Rippen stricken.
Auf beiden Seiten 11 M aufnehmen und rechts und links der beiden mittleren Maschen auf jeder 2. Nadel 1 M zunehmen (7 mal, d. h. bis 54 M auf der Nadel sind).
Gleichzeitig 6 Rippen für die Vorderbeine stricken.
Auf beiden Seiten 16 M abnehmen.
Auf der nächsten Nadel rechts und links der beiden mittleren Maschen 1 M zunehmen.
Am Anfang der beiden nächsten Nadeln je 2 M abnehmen.
Am Anfang der beiden nächsten Nadeln je 2 M zusammenstricken.
Auf beiden Seiten 3 M aufnehmen.
Auf beiden Seiten 2 M aufnehmen.
4 Nadeln (2 Rippen) stricken.
Am Anfang der beiden nächsten Nadeln 2 M zusammenstricken.
Abketten.
Für die **Ohren** 5 M anschlagen und 7 Rippen stricken, dann bis zum Schluß in jeder Reihe die 2. und 3. M zusammenstricken.
Zusammennähen und stopfen siehe «Pferd».
Mit der dunklen Wolle Mähne «b» aufsticken.
Für den Schwanz 3 Fäden nebeneinanderlegen und am Hinterteil befestigen. Den Schwanz umwickeln. Am Ende eine dunkle Quaste annähen.

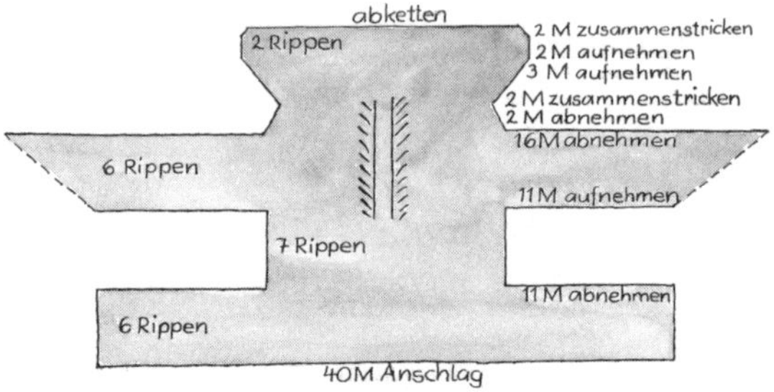

Ente

Material: Feine Strickwolle,
2 Stricknadeln,
ungesponnene Schafwolle.

Strickart: Rippen, d. h. Hin- und Rückreihe rechts stricken,

Körper: Anschlag 30 M
10 Rippen stricken, dann abketten.
Der Länge nach zusammenlegen.
Die Nähte unten und hinten schließen und dabei beachten, daß die Ecken abgerundet werden.
Mit Schafwolle füllen und dann die obere Naht schließen; dabei mit der linken Hand formen.

Kopf: Anschlag 16 M
6 Rippen stricken, dann abketten.
Der Länge nach zusammenlegen, zwei Seiten zunähen, mit Wolle füllen, dann die 3. Seite zunähen. Darauf achten, daß der Kopf schön oval wird.
Den Kopf an den Körper nähen.

Schnabel: An entsprechender Stelle zwei Wollschlingen annähen und jeweils mit der Nadel hindurchweben, bis die Schlinge ganz ausgefüllt ist.

Augen: Mit 2–3 Stichen aufsticken.

Purzelmännchen

Zu besonderen Anlässen, z. B. wenn ein Kind krank ist oder wenn irgendwelche Wartezeiten zu überbrücken sind, mag solch ein Purzelmännchen eine willkommene Ablenkung und Freude bereiten. Als Ebene zum Purzeln kann ein schräggestelltes Bügelbrett, ein kleiner Tisch oder ein einfaches Holzbrett dienen. Wenn die Fläche zu glatt ist, muß sie mit einem Spieltuch oder einer Wolldecke abgedeckt werden.

Material: Filz,
Glaskugel ∅ 2–2 ½ cm,
Papprolle von einer Küchenpapierrolle,
Stoffrest,
Uhu.

Das Kleid oder den Anzug des Purzelmännchens zweimal aus Filz ausschneiden. Die Hände und gegebenenfalls die Füße können mit ausgeschnitten oder aus einem beigen Filz extra zugeschnitten werden.
Die beiden großen Teile mit einfachen Vorstichen (nicht mit Knopflochstichen) zusammennähen. Das Garn in der Farbe des Filzes wählen. Hände und eventuell Füße an entsprechender Stelle in die Naht nehmen.
Die Papprolle (∅ 3 cm) zuschneiden. Sie ist etwa 1 ½ mal so lang wie der Durchmesser der Kugel beträgt.
Z. B. Kugel ∅ 2,5 cm, Rollenlänge 3,75 cm.

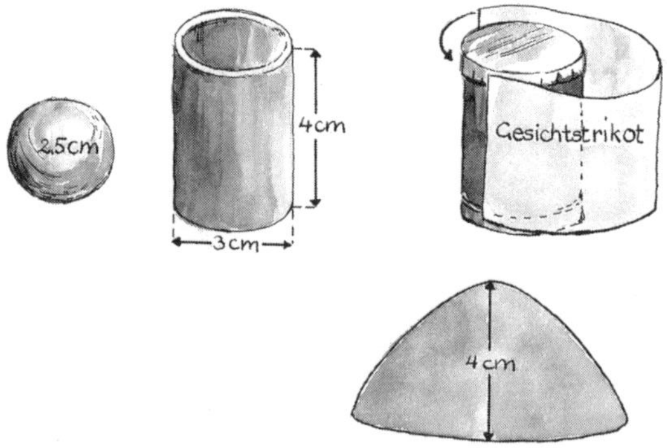

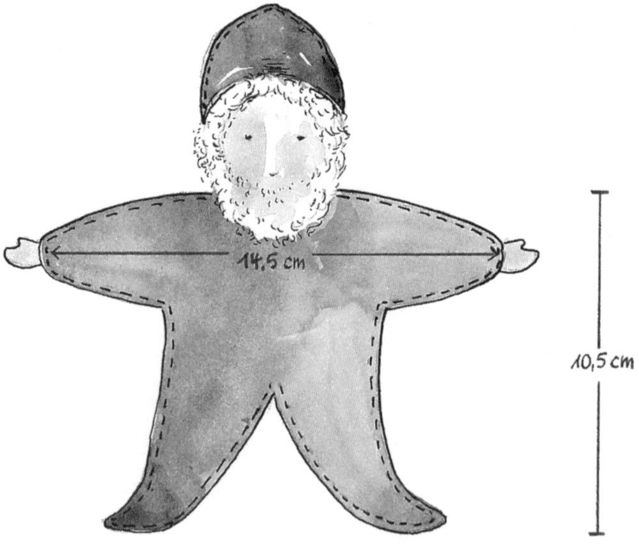

Die Kugel in die Rolle legen und beide Enden mit einem Stück Stoff zukleben. (Nicht zu weit ins Gesicht kleben)
Über die Rolle Gesichtstrikot oder dünnen beigefarbenen Filz kleben.
Den Kopf in die Halsöffnung des Anzuges kleben.
Haare und Bart aus farbiger Schafwolle ankleben.
Wer eine Mütze machen möchte, darf sie nicht zu groß nähen, damit das Männchen beim Purzeln nicht behindert wird.
Augen und Mund mit einem Buntstift zart andeuten.

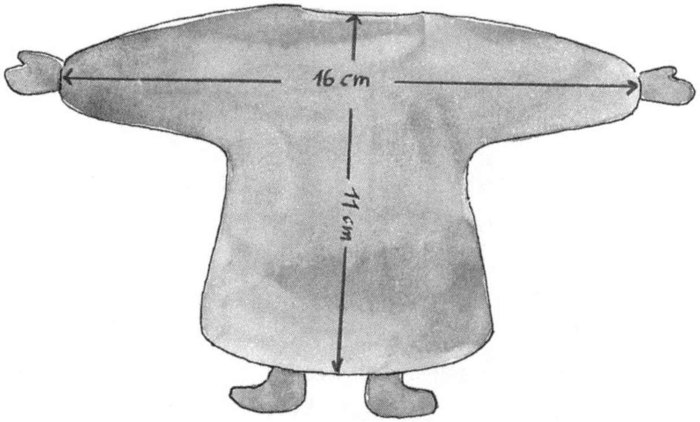

Anhang
Pflegen und Reinigen von Holzspielzeug

Holzspielzeuge, die nach dem Schnitzen oder Schmirgeln mit Bienenwachsbalsam oder Leinölfirnis eingerieben wurden, können von Zeit zu Zeit auf einfache Weise gereinigt werden. Der Schmutz klebt nur an der Oberfläche. Man braucht:

100 % reines Bienenwachs,
reines Terpentin,
weiße Stoffreste (nicht flusend),
Wolltuch,
heiße Kochplatte.

Ein wenig Bienenwachs im Wasserbad flüssig werden lassen (es soll nicht kochen). Auf eine Menge von ca. 5 Eßlöffeln genügen wenige Tropfen Terpentin, ca. ½ Teelöffel. Die schmutzige Holzfläche über die heiße Kochplatte halten und ebenso den in die Bienenwachsmischung getupften weißen Stofflappen.
Durch die Hitze schmilzt das alte Wachs an der Holzoberfläche und löst den Schmutz. Wenn man nun mit dem warmen Wachslappen das Holz abreibt, geht der Schmutz in den Lappen, und das Holz ist gleichzeitig neu gewachst.
Man muß sehr darauf achten, daß die Wachsschicht nur hauchdünn bleibt, weil die Hölzer

sonst leicht klebrig werden. Unter Umständen noch mal über die heiße Platte halten und mit einem reinen Lappen abreiben.
Nach dem Abkühlen mit einem Wolltuch polieren.

Umgang mit Rohwolle

Das Zupfen der Wolle

Gewaschene, ungekämmte Rohwolle muß, bevor sie zum Stopfen oder auch Spielen verwendet wird, gut gezupft werden. Zupfen heißt aber nicht auseinanderreißen! Man nimmt eine Flocke – so groß wie sie sich leicht aus dem Wolleberg lösen läßt – in beide Hände und zieht vorsichtig mit den Fingerspitzen alle dichten Stellen auseinander. Die Flocke bleibt in einem Stück, sie wird nur sehr viel größer, duftiger, wie ein Schleier oder eine zarte Wolke. In dieser Weise Flocke auf Flocke gelegt ergibt einen lockeren Berg, in den Kinderhände gerne hineingreifen.
Die in dieser Weise gezupfte Wolle läßt sich wunderbar zu kleinen Menschen und Tiergestalten (siehe «Puppenspiel») formen, und ist sehr elastisch und ohne harte Stellen beim Stopfen oder Formen eines Kopfes.
Für das Wollezupfen muß man sich wirklich Zeit nehmen. Wenn Ruhe und Emsigkeit von diesem Tun ausstrahlen, so hat es eine friedevolle Wirkung nicht nur auf den Zupfenden, sondern auch auf die ihn umgebenden Kinder. Je nach Alter werden sich diese mehr oder weniger lang dazugesellen, mithelfend, spielend oder formend.
Wer oft und viel Wolle braucht, kann sie auch mit Handkarden kämmen. Diese Tätigkeit ist in Anwesenheit der Kinder längst nicht so befriedigend wie das Zupfen, schafft aber ein schnelleres Ergebnis.

Gestalten mit pflanzengefärbter Wolle

Größeren Kindern ab 5 bis 6 Jahren kann man ein Molton-, Filz- oder Wolltuch – am schönsten in wollweiß oder blau – an der Wand befestigen, auf dem sie mit farbiger Wolle Bilder gestalten können. Die Wollflocken müssen besonders zart und dünn gezupft und dann an entsprechender Stelle auf das Tuch gedrückt werden. Anfangs werden die Kinder die Hilfe eines Erwachsenen brauchen, der mit Geduld und Zeit ein kleines Weilchen mitschaffen kann. Er kann auch mehrmals in zeitlichen Abständen ein Bild für sich alleine gestalten, bis plötzlich die Kinder den Impuls haben, selbst ein Bild zu machen.
Es ist besser, wenn man mit Farbflächen als mit Umrißlinien z. B. eines Hauses arbeitet. Die Kinder werden es dann nachahmend auch so machen. Diese Tätigkeit ist besonders für die Winterzeit geeignet.

Literaturhinweise

Herbert Hahn: «Vom Ernst des Spielens», J. Ch. Mellinger Verlag, Stuttgart.

Heidi Britz-Crecelius: «Kinderspiel – lebensentscheidend», Verlag Urachhaus, Stuttgart.

Peter Rosegger: «Das Buch von den Kleinen», Staakmann Verlag, München.

Anke-Usche Clausen und Martin Riedel: «Plastisches Gestalten in Holz», Band III, Mellinger Verlag, Stuttgart.

Freya Jaffke: «Puppenspiel», Verlag Freies Geistesleben, Stuttgart.

«Von der Würde des Kindes», Verlag Freies Geistesleben, Stuttgart.

Rudolf Steiner: «Die Erziehung des Kindes vom Gesichtspunkt der Geisteswissenschaft», Rudolf Steiner Verlag, Dornach.

Wilhelm zur Linden: «Geburt und Kindheit», Vittorio Klostermann Verlag, Frankfurt.

Plan und Praxis des Waldorfkindergartens, Verlag Freies Geistesleben, Stuttgart.

Johanna-Veronika Picht: «Zwerge», Verlag Freies Geistesleben, Stuttgart.

Grunelius: «Erziehung im frühen Kindesalter», Novalis, Freiburg.

Wolfgang Goebel, Michaela Glöckler: «Kindersprechstunde», Verlag Urachhaus, Stuttgart.

Bezugsquellen

Schafwolle, Krempelflor:

Deutsche Wollverwertung GmbH
Finninger Straße 60
89231 Neu-Ulm

Deutsche Wollverwertung GmbH
Wollmarktstraße 115
33098 Paderborn

Seehawer OHG
Sommerhalde 9
72070 Tübingen

Schwarzwald-Schäfer GmbH
Am Risslersberg
79215 Elzach

Bienenwachsbalsam und Terpentin:

Biofa-Naturfarben GmbH
Dobelstraße 22
73087 Boll

Kinderharfen:

Karl-Schubert-Werkstätten
Kurze Straße 31
70794 Filderstadt

Kantele:

Atelier für Leierbau
Lothar Gärtner
Fritz-Arnold-Straße 18
78467 Konstanz

Arbeitsmaterial aus den Waldorfkindergärten

1 Spielzeug – von Eltern selbstgemacht
Von *Freya Jaffke*. 100 Seiten mit zahlreichen Zeichnungen, kartoniert.

2 Getreidegerichte – einfach und schmackhaft
Von *Freya Jaffke*. 52 Seiten, kartoniert.

3 Färben mit Pflanzen
Textilien selbst gefärbt. Historisches und Rezepte für heute, dargestellt und illustriert von *Renate Jörke*. 71 Seiten, kartoniert.

4 Singspiele und Reigen
für altersgemischte Gruppen. Aus dem Waldorfkindergarten Hamburg, zusammengestellt von *Suse König*, 71 Seiten, kartoniert.

5 Kleine Märchen und Geschichten
zum Erzählen und für Puppenspiele. 55 Seiten, kartoniert.

6 Rhythmen und Reime
Gesammelt bei der Vereinigung der Waldorfkindergärten Stuttgart. 64 Seiten, kartoniert.

7 Puppenspiel
Anleitungen für die Einrichtung verschiedener Spielmöglichkeiten und die Herstellung einfacher Figuren. Von *Freya Jaffke*. 68 Seiten, kartoniert.

8 Hänschen Apfelkern
Kleine Märchen und Geschichten zum Erzählen und Spielen. Gesammlt und bearbeitet von *Bronja Zahlingen*.
50 Seiten, kartoniert.

Verlag Freies Geistesleben

Arbeitsmaterial aus den Waldorfkindergärten

9 Zwerge

Wie man sie sieht, wie man sie macht, wie man mit ihnen umgeht. Zusammengestellt von *Johanna-Veronika Picht.* 54 Seiten, kartoniert.

10 Tanzt und singt!

Rhythmische Spiele im Jahreslauf. Zusammengestellt von *Freya Jaffke,* mit Zeichnungen von Christiane Lesch. 100 Seiten, kartoniert.

11 Das spielende Kind

Beobachtungen und Erfahrungen einer Kindergärtnerin. Von *Ingeborg Haller.* Mit Zeichnungen von Almuth Regenass-Haller. 67 Seiten, kartoniert.

12 Spiel mit uns!

Gesellige Spiele für Kinder von 3 – 6 Jahren. Von *Freya Jaffke.* Mit Zeichnungen von Christiane Lesch. 80 Seiten, kartoniert.

13 Spielen und arbeiten im Waldorfkindergarten

Von *Freya Jaffke.* 65 Seiten mit farbigen Fotos, kartoniert.

14 Feste im Kindergarten und Elternhaus, Teil 1

Advent – Weihnachten – Drei Könige – Fasching. Von *Freya Jaffke.* Mit Illustrationen von Christiane Lesch. 78 Seiten, kartoniert.

15 Feste im Kindergarten und Elternhaus, Teil 2

Ostern – Pfingsten – Johanni – Michaeli – Laternenfest – Geburtstag. Von *Freya Jaffke.* MIt Illustrationen von Christiane Lesch. 101 Seiten, kartoniert.

Verlag Freies Geistesleben

Arbeitsmaterial aus den Waldorfkindergärten

16 Gestalten mit Holz für Kinder

Von *Freya Jaffke*. Mit Illustrationen von Edgar Bayer. 87 Seiten, kartoniert.

17 Das kleine Kind und seine Bekleidung

Von *Juliane Endlich*. MIt Illustrationen von Angelika Wolk-Gerche. 81 Seiten, kartoniert.

Werkbücher für Kinder, Eltern und Erzieher

1 Wir spielen Schattentheater

Anregungen für eine einfache Bühne, kleine Szenen und drei Märchenspiele. Mit zahlreichen Zeichnungen und Scherenschnitten von *Erika Zimmermann*.
72 Seiten, kartoniert.

2 Advent

Praktische Anregungen für die Zeit vor Weihnachten. Zusammengestellt von *Freya Jaffke*. Mit Zeichnungen von Christiane Lesch und farbigen Abbildungen.
59 Seiten, kartoniert.

3 Bilderbücher mit beweglichen Figuren

Anregungen und Anleitung zum Selbermachen, von *Brunhild Müller*. 57 Seiten, kartoniert.

4 Wir spielen Kasperle-Theater

Die Bedeutung des Kasperle-Spiels, die Herstellung von Puppen und Bühne und zehn kleine Szenen.
Von *A. Weissenberg-Seebohm*, *C. Taudin-Chabot* und *C. Mees-Henny*. Aus dem Holländischen von Arnica Esterl. 92 Seiten mit 7 farbigen und 56 schwarzweißen Abbildungen, kartoniert.

Verlag Freies Geistesleben

Werkbücher für Kinder, Eltern und Erzieher

5 Mit Kasperle durch das Jahr

Vier große Kasperle-Stücke, von *A. Weissenberg-Seebohm.* Aus dem Holländischen von Arnica Esterl.
56 Seiten, kartoniert

7 Spielen mit Wasser und Luft

Von *Walter Kraul.* 70 Seiten mit zahlreichen Zeichnungen und Fotos, kartoniert.

8 Spielen mit Feuer und Erde

Von *Walter Kraul.* 59 Seiten mit zahlreichen Zeichnungen und Fotos, kartoniert.

9 Malen mit Wasserfarben

Von *Brunhild Müller,* 49 Seiten mit zahlreichen farbigen Abbildungen, kartoniert.

10 Kinderbekleidung

Von *Ulrich Rösch* und *Traute Nierth.* 92 Seiten mit zahlreichen farbigen und schwarzweißen Abbildungen, kartoniert.

11 Pflanzenfärben ohne Gift

Neue Rezepte zum Färben von Wolle und Seide. Von *Eva Jentschura,* mit Illustrationen von Heidi-Charlotte Geister. 56 Seiten mit zahlreichen Abbildungen, kartoniert.

12 Gestalten mit farbiger Wolle

Von *Dagmar Schmidt* und *Freya Jaffke.* 75 Seiten mit zahlreichen farbigen Abbildungen, kartoniert.

Verlag Freies Geistesleben